国家社科基金重点项目"大语言模型辅助的词性块跨语言比较研究及其类型学特征考察"（项目批准号：24AYY016）成果

本书获得浙江师范大学出版基金（Publishing Foundation of Zhejiang Normal University）资助

外国语言学及应用语言学研究丛书

顕在化する多言語社会日本—多言語状況の
的確な把握と理解のために

# 日趋显性化的日本多语社会
## ——准确理解及把握多语状况

[日] 福永由佳　编　　[日] 庄司博史　监修

徐微洁　吴余华　周　欢　译

ZHEJIANG UNIVERSITY PRESS
浙江大学出版社
·杭州·

图书在版编目（CIP）数据

日趋显性化的日本多语社会：准确理解及把握多语
状况 ／（日）福永由佳编；徐微洁，吴余华，周欢译.
杭州：浙江大学出版社，2025.7. -- ISBN 978-7-308
-26329-0

Ⅰ. H0-05

中国国家版本馆CIP数据核字第20251GL251号

KENZAIKA SURU TAGENGO SHAKAI NIHON: TAGENGO JOKYO NO
TEKIKAKU NA HAAKU TO RIKAI NO TAME NI
by FUKUNAGA Yuka (editor) and SHOJI Hiroshi (supervisor)
Copyrigjt © 2021 FUKUNAGA Yuka, SHOJI Hiroshi
All rights reserved.
Originally published in Japan by SANGENSHA.
Chinese (in simplified character only) translation rights arranged with
SANGENSHA, Japan
through THE SAKAI AGENCY and BARDON CHINESE CREATIVE
AGENCY LIMITED.
浙江省版权局著作权合同登记图字：11—2025—032号

**日趋显性化的日本多语社会——准确理解及把握多语状况**

[日]福永由佳 编　[日]庄司博史 监修

徐微洁　吴余华　周　欢 译

| | |
|---|---|
| **策划编辑** | 黄静芬 |
| **责任编辑** | 黄静芬　方艺潼 |
| **责任校对** | 杨诗怡 |
| **封面设计** | 项梦怡 |
| **出版发行** | 浙江大学出版社 |
| | （杭州市天目山路148号　邮政编码310007） |
| | （网址：http://www.zjupress.com） |
| **排　　版** | 杭州朝曦图文设计有限公司 |
| **印　　刷** | 杭州钱江彩色印务有限公司 |
| **开　　本** | 710mm×1000mm　1/16 |
| **印　　张** | 11.5 |
| **字　　数** | 230千 |
| **版 印 次** | 2025年7月第1版　2025年7月第1次印刷 |
| **书　　号** | ISBN 978-7-308-26329-0 |
| **定　　价** | 58.00元 |

# 前　言①

日本社会的"多语化"以及由此产生的"多语状况"正快速发展。本书将确认其不断扩大的研究领域的多样性,并考察其今后发展的可能性和方向。

日本政府一直坚决回避使用"移民"一词,并公开表明日本不存在"移民"。但是,随着技能实习生制度和《入境管理法修订案》的实施,实际上日本政府正在接受外国劳工"移民"。这也是日本外国人政策的主要矛盾所在。在此社会形势下,移民问题引起了日本社会的高度关注,"多语、多文化社会"一词也日益回荡耳畔。

但是,我们不应该忘记的是,多语化和多语现象并非近年突然在日本社会"显性化"的。正如本书中多篇论文所述,从历史上来看,日本也曾处于多语状况中。除了政府针对非日语使用者推出的"自上而下的多语化"政策,本书论述的诸多"日常多语化"现象也不容忽视。历史上处于多语状况的日本社会中,种族、国籍、身份、政治、历史、意识形态等所有因素均错综复杂地交织在一起,多语化自上而下、自下而上地被层层推进。若继续按照以往的研究方法、研究框架以及对多语的价值判断等,就难以深入了解当前发生的或今后可能发生的多语状况的各种现象。

自20世纪80年代起,"多语主义"(multilingualism)这一术语被引入日本的学术研究中,关于多文化主义、多语状况等主题的学术图书接连面世。以《多语社会日本:现状与课题》(多语化现象研究会,2013)和《面向多语主义社会》(平高史也、木村护郎,2017)等为例,以日本社会为对象的"多语化"和"多语状况"研究正在全面铺开。此外,日本学界每年都举办研讨会、研究会等短期学术活

① 在本书从策划到出版的漫长过程中,编者要感谢监修庄司博史先生(日本国立民族学博物馆)、编委安田敏朗先生(日本一桥大学)、尾辻惠美女士(澳大利亚悉尼科技大学)和日本三元社的石田俊二社长。他们事无巨细地给予了笔者许多中肯的建议和意见。本书是日本学术振兴会(JSPS)科研项目(编号:JP20HP5062)的阶段性成果。

动,社会语言学、语言学、日语教育学相关的学会等也经常在研究大会和学会期刊上提及多语主义和多语状况,并给予其高度关注。在日本国内语言多样性备受关注的背景下,本书对"显性化"一词进行再次确认,以期把握当今日本国内的多语状况。

我们发现,日本的多语状况存在以下问题:(1)日本至今尚未充分探讨多语主义、多语状况、多语社会等基本概念;(2)缺乏关于日本外语使用者人数的官方统计数据,而这是开展该领域研究基础中的基础,因此我们难以总体论述日本的多语化;(3)在以外国人为对象的语言使用调查和研究中,除人口规模庞大的中国人、韩国人和日裔巴西人以外,相关研究极其匮乏,学界偏向从日语使用者和外语使用者的二元对立框架,以及日语教育目标群体与学习者的角度来理解多语状况。

本书围绕2018年3月召开的学术研讨会"日趋显性化的日本多语社会"[日本学术振兴会(JSPS)科研项目(编号:26370522)]展开。在研讨会上,学者们展开了以下讨论:我们应该不断掌握有关多语化的各种现象或制度,收集各种多语化现象的实证数据,而不能只关注表面的语言现象,即由于在日外国人的剧增,多种语言在日本被广泛使用。虽然我们无法全面调查日本多语状况所涉及的现象和制度,但本书以学者们在研讨会上发表的真知灼见为主,同时邀请了3名研究者加入作者团队,以期能涵盖有待讨论的相关问题。

下面,我们简单总结一下本书的结构和每章的论点。本书由第一部分总论、第二部分分论和后记等部分组成,总论收录了4篇论文,分论收录了5篇论文。首先介绍总论的各篇论文。

庄司博史在《重新审视多语状况——基于验证多语环境概念的框架》中指出,多语社会的前提是"多语性",我们在判断"多语性"时需要通过4个必要条件进行验证:社会的多语状况、多语能力和多语使用、(作为意识形态的)多语主义和多语政策、个人意识的多语性(即多语意识)。庄司首先指出"多语状况"的概念中包含两种不同的状况,分别是:A)平面多语状况,即由语言群体各自的地域分布而引起;B)多重多语状况,即语言群体在 个地区内重叠。A)是19世纪起出现的民族国家所包含的地域语言所引起的,B)主要是20世纪后半叶后开始聚居于城市的移民的语言所造成的。在B)中,多语者之间可以进行日常的、面对面的语言接触和多语体验,也只有在B)中才会形成"多语环境",从而导致个人多语能力的获得和提高,形成能接受不同语言的多语意识。庄司进一步列举了决定多语环境的"两种意识"的主要原因,并尝试提出在移民和与移民语言的接触中产生这两种意识的条件。

约翰·C. 马赫(John C. Maher)在《描述国家多语主义的概念性框架》中，提出了一个描述国家语言多样性的框架，这是社会语言学自创立以来一直所追求的。该文在综观其他国家的大规模语言调查等的同时，提出了以下7种阐明国家多语主义的框架：(1)人口普查——居民个人层面的多语主义；(2)标准语及其多样性的多语主义；(3)历史多语主义；(4)遗产语言和准国家语言的多语主义；(5)特定领域中的多语主义；(6)社区中的多语主义；(7)教育领域中的多语主义。其中，人口普查是衡量国内多语主义接受情况最重要的指标。作为人口普查"良好实践"的典范，马赫介绍了加拿大和英国包含语言相关问题的人口普查，并列举了其中具体的问题。他主张日本也需要开展反映语言多样性的人口普查，并指出在以前的调查中缺乏与语言相关的问题。其他国家自19世纪起一直尝试对语言多样性进行描述，这对日本今后的发展具有启发意义。

安田敏朗在《"多语社会"的阐述方式》的开头提到2018年日本皇宫举办的和歌会"歌会始之仪"①的3篇入选作品，以此叙述多语状况已成为日本社会的日常。但是，他指出，不存在不处于多语状况的社会，我们不应忘记日本历史上也曾处于多语状况之中。在此前提下，安田敢于用"显性化"一词来积极且战略性地谈论"多语社会"，是为了关注对多样性缺乏包容的现状，以及嵌入民族国家逻辑中的英语化所带来的"国语"的再强化，并指出了其重要性。对"多语社会"的讨论在重大的社会变革时期更加激烈，它不是一时的，而是长久的。特别是根据20世纪90年代之后已载入史册的讨论，安田提出了反抗当前状况的主张，在该文中提出了旨在探究多语研究的新方向及其意义的重要问题。

尾辻惠美在《多文化共生和"多"语言共生时代——基于都市多语主义的视角探讨社会融合模式的实况》中举例说明，伦敦北部有个移民较多的郊区出现了种族歧视的涂鸦("SPEAK ENGLISH")，当地艺术家使用图像处理软件Photoshop为其添加了各种语言，以此为例来论述选择一种语言可能会带来排斥其他语言的危险性。尾辻将这一讨论带入日本社会的语境，并指出最近出台的《推行日语教育的相关法律》等旨在实现的多元文化共生模式中，潜藏着一种单语的观点，即认为"外国人"必须掌握日语。这些基于单语主义的社会融合倡议提醒人们，由于其忽视"多"语共生的实际情况，可能使社会融合和社会包容的言

---

① "歌会始"是互相表演和歌的歌会，"歌会始之仪"则是在年初举行的宫中活动。——译者注

论变得片面化,从而陷入同化主义。尾辻从多语视角将"语言"广义地理解为包含与事物、感觉、手势等语义生成相关的各种资源,这是探索日本未来多语化之路的关键。其观点并不局限于语言教育,还提出了日本社会应该面对的重要问题。

下面我们介绍分论中的各篇文章。

田嶋美砂子在《日本与英语的"关联"——休闲活动、自我成长、忍耐力指标》中以"全球化"之名,探讨了多语环境下特别重视英语的日本社会中人们与英语的"关联",以及其背后与意识形态的关系。通过分析各种资料(英语学习书、英语口语班的广告、对英语口语班讲师和学员的采访等),得出"英语学习"并不只是以提高英语运用能力为目标的行为,还有"作为休闲活动的英语学习""为促进自我成长的英语学习""作为忍耐力指标的英语学习"等。企业强调的英语的重要性和必要性,是否也是由于公司内官方语言政策的存在和人们基于该政策建构的"话语的产物"?田嶋主张,外语教育政策等文件和法规中所强调的英语的重要性有意识形态构建的一面,因此我们要批判性看待。

福永由佳在《关于多语化日本人的考察——基于在日巴基斯坦人社区中日本家庭成员的数据分析》中提出,虽然许多日本人都觉得日本社会存在日语等多种语言,但他们认为这种多语现象是由于在日外国人的剧增而从外部带来的,而且谈论多语时总是绕不开英语。在此问题意识下,为了探究迄今几乎未被提及的日本人多语使用的实际情况,福永着眼于在日巴基斯坦人社区的日本家庭成员,通过具体数据分析了她们多语使用的动态。根据对问卷调查和访谈调查的分析,福永发现日本家庭成员使用的语言不限于英语,甚至延伸至乌尔都语、阿拉伯语等英语以外的语言。基于这一结果,她呼吁人们重新思考"多语使用者是外国人,并非日本人"的说法,以及将多语状况局限于英语的倾向。

斯维特兰纳·佩查德兹(Svetlana Paichadze)在《库页岛归国者青年一代日趋显性化的多语使用与民族身份的多重性》中,探讨了库页岛归国者青年一代的多语使用与学习,以及其身份的多重性。"库页岛归国者"是指1990年后回到日本的"库页岛残留日本人"及其后代,该文的研究对象是从小在多元文化、多语环境下成长的青年一代(主要是第三代)。他们的民族背景是多重的,有日、朝(俄)或日、俄背景,受家人、俄罗斯社区、日本社会的影响而形成。此外,语言是交流工具,与民族意识并无直接联系,这是语言的特点。关于语言能力和民族认同感的不一致,人们并不觉得别扭,这是因为库页岛一直是一个传统的民族血统和语言能力交融的社会。与遗华日侨相比,库页岛归国者在日本社会并不为人所知。将他们定位为移民,可以揭示与他们相关的日本社会中的各种问题,同时也期望对移民研究做出贡献。

拜野寿美子在《巴西人聚居地区居民的多国籍化、多语化——以群马县大泉町为例》中,将以"巴西城"而闻名的群马县大泉町作为研究对象。在"巴西城"居民的多国籍化进程中,拜野通过自己拍摄的照片展示和探讨了外国居民中占多数的巴西人及其主要使用语言葡萄牙语的地位变化。从大泉町政府发布的日历等通知的表述中可以看出,巴西人和葡萄牙语仍然是大泉町多国籍化和多语化的中心。此外,巴西企业家将地区居民的多国籍化视为商机,推进服务的多语化。拜野指出,将居民的多语化和多国籍化视为危机或机遇并迅速做出反应的可能是外国居民自身。她还明确论述今后也有必要关注作为日本多语化先行者的大泉町。

吉田理加在《法庭口译与跨文化交流——正确的口译与跨文化"翻译"》中指出,法庭口译要求的"照实口译"与实际的法庭谈话实践之间存在背离,而这种背离会带来弊端。被许多日本法庭口译人员奉为指南的《法庭口译手册实践篇》要求法庭口译人员"照实口译",并认为"照实口译"等于"正确的口译"。但是,从口译研究、语用学、社会语言学、社会符号学派语言人类学的角度来看,"照实口译"在理论上是不可能的。实际上,口译员需要意识到存在语言无法表达的语境差异,以及不同语言中表达言外行为(illocutionary act)的言内行为(locutionary act)的差异等跨文化问题。吉田警示称,在法庭翻译中,期望口译人员"照实口译"是一种司法想象,不仅与口译作为交流实践的现实存在脱节,而且会导致文化自我中心主义。该研究不仅适用于法庭口译,还为解决多语社会的重要课题,即语言弱势群体所面临的不利处境提供了宝贵的视角。日本已经成为一个移民国家,与多语者共生共存已成为无法回避的现实。我们需要认真对待这个越来越现实化、严重化的问题。

尽管论点、研究主题、研究对象、研究手法等各不相同,但本书所收论文的共同点是最大限度地允许并希望多语言共生共存。因此,我们不能仅从语言和文化的混杂性所带来的优势和可能性的角度出发,而要关注基于"潜在化"视角的日本社会的过去和现在,以及嵌入其现象和制度中的意识和意识形态的内在实质。此外,本书的作者们在各自的方法中超越了传统的"日本人""外国人""日语""外语"的框架,以各自的方式深思该如何构建一个更美好的社会。

福永由佳

2020 年 12 月

# 目　录

## 第一部分　总　论

## 第二部分　分　论

# 第一部分　总　论

# 重新审视多语状况
## ——基于验证多语环境概念的框架

庄司博史

## 1. 引 言

近年来,我们常常会在各处听到"多语环境"一词。例如,一些父母热衷于让自己的孩子掌握双语(多语)能力,也有一些人努力学习外语,对于这类人而言,多语环境似乎是一个理想的环境。但是,网友们虽然会通过网络时不时讨论与多语儿童培养经验相关的话题,并偶尔引用多语环境有利于外语习得这一定论,但多语环境究竟为何物却尚无明确的定义。

多语环境一般被视为个人的偶然(幸运)个案,很少会将其与社会的人背景联系起来讨论。例如,由于国际婚姻等原因,父母双方使用不同的语言,抑或是个人的生活圈中存在不同语言的使用者等情况。然而,若是承认语言不仅是作为符号集合体的传达手段,还承担着各语言共同体的价值观、行为规范以及象征性,那么多语环境,即与不同语言使用者间的接触或者多语体验,就会涉及多领域、深层次的问题。①

基于上述观点,本文不再局限于语言能力的获取,而是考察跨语言使用者

---

① 近年来,川上(2013)提出的"移动的儿童"与语言之间关系的研究,聚焦在多语环境间"移动"的儿童,关注他们通过语言学习和各种语言体验,与语言、自我、周围建立关系的过程。与考察社会多语性的拙论不同,该书始终以个人为中心,论述多语性与多语言的关系。但是,从另一个维度来探究多语性这一共通点,则颇有意思。该研究多用的"多种语言环境"的概念,可以理解为儿童未必是同时地体验到多种语言,也包括在移动过程中历时地体验到多种语言。"……要理解自幼时起在多种语言环境中成长的孩子的主体性活动,多种语言和自我意识这一意义上的'语言和身份'视角是不可缺少的。"(川上,2013:2)

间的接触等多语体验最终可能给社会带来的影响及其条件,并在此基础上揭示其框架。具体而言,我们将结合近年来开始被人们讨论的"社会多语化"相关情况,整理和探讨"多语环境"及其相关"多语现象"的概念。最后,我们还想探讨在多语环境下,除了面对面的语言使用者之间的接触之外,是否还包含其他的接触体验。

# 2. 何谓多语社会

第二次世界大战结束后,有关日本多语性的讨论一直围绕阿伊努语等展开。但进入 21 世纪,尤其是近年来,多语社会论开始逐渐关注日本的语言现象。一般认为,相关统计显示外国居民(移民)在剧增,由此可以推测日本社会呈现多种语言并用的状态,即将多语状况视为多语社会。但是笔者认为,仅凭在特定社会中"使用多种语言"这一推测,不足以论证该社会的多语性。更何况,如果这一推测仅依据具有外语能力的外国人数量以及外语数量,那么"多语状况"是否真实存在都是一个未知数。

与此相关,在考察上述多语环境时,首先要简单确认作为讨论出发点的多语社会的概念。在论述多语社会时,笔者认为要从以下四个角度来验证社会的多语性(庄司,2013;Shoji,2019)。

(1)多语状况:社会中使用多种语言的状况。

(2)多语能力与多语使用:社会或个人拥有并使用多种语言的能力。

(3)多语主义与多语政策:认可、支持并推动多种语言在社会中使用的社会理念与政策。

(4)个人意识中的多语性(多语意识):不排斥在社会中使用多种语言的意识。

## 2.1 多语社会各要素间的相互关系

若仅具备上述条件之一,还不能称之为多语社会。并且笔者认为,缺乏其中任一条件都不可能发展成多语社会。原因在于这些条件之间都有着相互依存、密不可分的关系。尽管如此,其相互依存度上仍存在差异也是事实。在多语社会形成过程中,最基本的,即先于其他条件的就是(1)多语状况。它与(2)社会和个人的多语能力以及(4)多语意识的增强、发展都密切相关。一般而言,尤其是在今天,个人多语能力的获得主要依靠以此为主要目的的各种语言教育。但在过去的多语状况中,个人外语的习得依靠接触不同语言及其使用者而自然进行的现象更为普遍。同样,(4)多语意识也是个人在与多语接触的过程中,经历对排他意识和以自身语言为中心意识的相对化处理后所获得的。作为政治理念自上而下普及的(3)多语主义的影响,以及其影响下(主要是官方的)的多语学习的带动固然重要,但不可否认实际多语体验的效果取决于多语意识的扎根与延伸。在日本,外国人的日益增加导致多语状况的产生,那么多数日本人是如何看待这一状况的呢?这一状况是否会影响日本人对外国人的接受态度呢?这类问题,作为Coulmas等(2002)研究日本单一语言意识的课题,早已受到关注。此外,(3)多语主义与多语政策脱离了个人层面,是关乎国家统治和存续的必要条件,如何对待多语状况也上升到了政治层面。

## 2.2 多语环境之于多语能力和多语意识

如上所述,可以说多语能力与多语意识是每个社会成员个人的问题,它以多语状况的存在为基础。但即使是在多语状况中,这两者也会受一定条件的影响。即,如果社会上只是存在多种语言,那么这两者也无法发展。还需要有以下条件——要创造或能创造一种环境,使得跨语言及其使用者能实际接触、交流。一般而言,如果没有这种环境,那么个人的多语能力与多语意识就无法得到充分的发展。[①]只有这样的环境才是下文所述最理想的"多语环境"。

接下来,本文将基于迄今为止围绕多语化展开的各种讨论以及笔者对移民社会的个人观察两个角度,考察究竟是什么因素造就了这种多语环境,而它又是如何影响人们的语言能力和语言意识的。

# 3. 多语环境与两种多语状况

在进行论证前还需说明一点,第2节开头提及的"多语状况"作为多语社会的条件之一,与上文已给出定义的多语环境并不相同。的确,说到创造与跨语

---

① 但是,若已经存在某种摩擦(宗教、经济、领土等),例如朝鲜半岛的殖民统治时期等,存在单方面的统治关系或敌对关系的情况则是例外。

言及其使用者实际接触、交流的环境,我们最容易想到的都是"多语状况"这一概念,但多语环境与多语状况未必相同。实际上,这一点在迄今为止的多语社会论中从未被提及。其原因在于,几乎未曾有人尝试从语言、语言使用者间相互接触的视角,以显性化的方式对多语状况进行分类。①

言归多语状况,形成这一状况的多种语言之间的相互关系,从理论上而言可大致分为两种,一种与多语环境联系较为紧密,另一种则并非如此。

A)语言集团间的地区划分所形成的平面多语状况(难以与多语环境相关联)

B)语言集团在同一地区共存所形成的多重多语状况(易与多语环境相关联)

## 3.1 多语环境下的两种"多语"状况及其背景

以下为A)的典型例子。在一个国家,地域语言不止一种,但每种语言基本只在该地域内使用。即,语言集团原则上都是用一种语言来维持运营,若无特殊情况,说话者不会越界去接触其他语言。

这类平面多语状况,多是近代以前就出现并延续至今的,如法国等国家。也有一些是在现代化进程中,随着国家扩大领土政策的实施,领土被重新划定,导致原本在一定程度上独立自主的语言集团被纳入其他国家。这类多语状况是流动性再生产的。由此可知,日本也曾是一个包含"多语状况"的国家,因为日本也将阿伊努语等地域语言集团纳入了本土范围内。但是,据推测,日语和

---

① 例如,砂野(2012)以世界多语现象的比较研究为副标题,多角度论述了西欧近代国家形成过程中产生的众多民族国家以及后续国家,在以国家语言为基础的单一语言体制和地域语言/少数语言之间围绕着多语主义摇摆不定的现状。然而,该书在将移民的出现视为新多语主义产生的历史背景之一的同时(砂野,2012:12-13),却并未关注移民带来的不同于以往的多语现象新类型。在非洲等地出现的多重多语关系中,该书的分论详细论述了"多语现象作为讨论多语主义的政策前提"(砂野,2012:16),但遗憾的是,并未提及移民语言。笔者认为在当今社会,将多语主义这一最尖锐的矛头推向国家的并非由地域划分形成的平面多语状况,而是移民带来的多重多语状况。毫无疑问,笔者所说的移民,不仅指所谓的传统政策移民和经济移民,还包括难民和精英移民在内的外来定居者和多地定居者,是一个广泛的概念,已经成为当今包含发展中国家在内的国际现象。

阿伊努语使用者之间基本上并非以平等的社会关系进行语言上的接触①,而且多数日本人连这种"多语状况"都不曾经历过,更未曾认识过。

此外,由于殖民政策,跨语言集团被迫向其他语言地区移民、移居,从而形成了排他性跨语言地区。纵观日本历史,在压倒性统治关系中几乎杜绝双向语言接触的例子不胜枚举。

此外,B)也是当今世界普遍存在的现象。其中最典型的例子就是,近年来,急剧增加的外国移民往城市移居导致多语状况的出现。在此,我们能看到多种移民语言在本土语言基础上层层叠加所形成的多语状况。从宏观视角来看,由于多种语言共享城市这一有限空间,因此大大增加了不同语言(使用者)之间相互接触的可能性。同一空间有可能是不同语言的简单经过点,也有可能是不同语言使用者之间面对面进行交流的场所。最具象征性的例子可参考近年来,在城市多民族聚集的咖啡店及民族特色店内随处可见的"都市通用语"现象(尾辻,2016)。城市里的移民有时会出于经济等原因打造更安全、更方便的聚居区,但也有许多人会为了提升社会地位,抓住机会屡次分散至其他地区。可以说,像本土地域语言等具有明确排他性的单一语言的地区并不常见。

但一般认为,城市作为交易和信息交换的场所,自古代、中世时代起就广泛存在于世界各地,因此在A)所述由于地区划分而得以维持的平面多语现象中,也曾存在日常性跨语言接触。Mackey(2005:1304-1306)指出,在古代欧洲、亚洲、非洲、美洲等地的各大帝国,除了贸易之外,战争、侵略等手段也会导致不同语言的使用者不断涌入城市。并且,英国、法国、西班牙等通过殖民统治,使雅加达、马尼拉等众多亚洲城市实现了多语化。直至现代,包括日本在内的诸多地域社会还存在定期或季节性义卖、集市等交易场所。这些同样也是各种语言、方言等相互接触的场所。此外,稗田(1999)指出,在东非的部分部落社会,语言社区的移动、吸收、融合等流动性极高,社会情况异常复杂。在这种社会中,语言社区与其说处于多语间地区划分的状态,不如说是本土语言间的多重多语状况。

反观城市,由于移民语言而产生的多语状况,虽说基本上都是多层次的,但

---

① 安田(2011;2020:28)对近年来日本的多语社会论一直持批判态度,认为从A)的视角来看,日本的多语状况在近年移民开始增多之前就已存在,因此认为多语化是在当今突然从"外部"闯入的观点存在诸多问题。但是,这种多语状况是否符合本文讨论的日本多语社会的条件,则另当别论。

不同语言使用者之间的接触并非绝对的。由各种因素引起的语言共同体间的阶层分化、隔离、歧视等，使得移民语言使用者之间缺乏接触，甚至回避和无视，导致彼此之间几乎不存在相互影响，这类现象也不少。[①]此外，在城市里，部分原住民中的富裕阶层开始从移民聚集的市中心区域流向郊外，这个现象也发生在部分移民内部。由此可知，在移入地区会出现地区性民族集中居住的现象。

## 3.2　政治上的两种多语状况

如A)这种情况，一个国家在领土内存在不同语言，因此的确属于多语国家。但需要注意的是，承认多语共存的前提是国家与这些地域语言间存在关系，在地域语言的领域内，多语的共存未必会被认可。即使国家承认地域语言的存在，往往也是为了维护国家领土及其完整性，或为了维护国家威信而不得已采取的方案[②]，而绝非自发主动的行为。

言归地域语言，人们对地区内不同语言的存在态度往往多是否定的，因为地域语言领域内的话语集团基本上都具有强烈的单一语言主义倾向。其中的典例便是加拿大的魁北克省，因为该省实行英法双语政策。魁北克省不同于其他州，这里有大量法裔居民，因此将法语规定为唯一的官方语言，且在语言服务以及公共教育等领域，法语的地位远高于英语和其他移民语言等少数派语言。这种倾向与民族国家自身的诞生历史息息相关。总之，未发展成民族国家的地域语言社会被合并进民族国家，继承了与该国相同的理念，但未必希望领域内多语共存。因此，在领域内，地域语言要求享有与国家语言同等的权利及实现该权利的方针政策。即，保障其法律地位和公共机关内公共用语(准公共用语)的使用，除此以外，还要求保障其在教育(教学语言)、公共媒体、公共地名、场所标识、语言管理机构等享有地位。

---

① 深入剖析语言群体间表面上的语言矛盾，我们会发现这其实是两者之间更为严重的经济、政治、行政、教育上的问题，只不过被刻意伪装成了语言、文化方面的东西。Nelde (1997:290)指出，特别是在欧洲城市的语言冲突背景下，我们会发现优势群体试图在社会发展方面扼制弱势群体。这提醒我们，在平时探讨语言群体间问题时，要认识到其未必是语言层面的冲突。

② 19世纪的哈布斯堡王朝(House of Habsburg)一直在探索通过法律和行政措施来寻找国家不同语言领域(也可以说是不同民族)共存的平衡点并加以保障的方针。20世纪以后出现的众多民族亦有过此种经历。众所周知，在苏联的前身俄罗斯苏维埃联邦社会主义共和国、南斯拉夫等国，意图维持国家统一的中央权力与想要保持自治权、独立权的地区民族势力间的拉锯战一直持续到国家成立前夕。

拥有领土的语言在其领土内享有优先权,这是Nelde(1997)所主张的领土原则,它能有效地维护地域语言权利(相对于主流语言以及其他地域语言)并协调冲突。但同时,这一原则对没有领土的移民和移民语言却具有排他性,如下所述,它不仅无法提供法律、政策上的保障,还阻碍了移民语言与其他语言使用者间的自由接触。

B)所提到的多重多语状况则刚开始出现在当今的城市中,它扎根于后殖民主义时代活跃发展的移民流动中,是一种新型多语状况,也可以说是当今世界所有物种跨国境移动的世界性现象之一。它幻想将国家—民族—语言三者连成一条线,但当幻想的民族国家理念回归现实,它便会在平民面前彻底崩塌。

如今,不仅是欧洲,包括难民在内的移民涌入以及如何回避与他们共同生活等问题已经给世界各地造成困扰。不仅如此,因移民人口已占比很高,所以在维持人口、劳动力及购买力等方面不得不依赖于这些移民的现象正在各地悄然兴起。就移民个人而言,要求承认移民语言的语言权利,即移民语言的使用、继承甚至是将其作为归属意识的象征保持下来,这一意识已经开始在多数派及移民之间生根发芽。其结果也正如下文所述,部分国家出于将移民作为新公民融入社会的需要,允许他们的文化和语言以某种形式出现在体制内,这一意识形态作为新的国家理念正在被逐渐采用。一般多以多语主义、稍显柔和的多文化主义等用语相称。①Coulmas(2010)指出,部分国家对这种外来移民语言的存在以及集团语言权的政策开始趋于灵活,该背景与过去20年间,西欧工业社会开始向多样性、多元主义以及扩大选择权的容许范围这一方向转变不无关系。实际上我们也无法否认,就现状而言,会采取哪种具体的语言政策,又会以怎样的语言间(语言使用者间)关系为目标,均尚未明确。②

---

① 在日本,早在20世纪80年代末,政府以及部分私人机构、研究人员等就已将"多文化共生"等同于多文化主义来使用。这一术语之所以大受欢迎,或许是为了避免被理解为尖锐的意识形态,从而获得更广泛的支持,但也因此付出了不小的代价。最初,由于歧视结构和偏见,在社会、制度方面处于弱者的一方,为了恢复民族集团的权利而被作为批判对象遭受同化和歧视,且这种实际情况被掩盖和隐藏。"对各集团的刻板印象的再生产,促进对浅层次异文化的理解"(野吕,2006:236),其结果是将运动去意识形态化、去政治化。

② 遗憾的是,作为在多重多语现象中建立理想多语关系的语言政策理念,对单一语言主义的否定,尚未达成更具体的共识。例如,在"多语"现象中,如何平等对待包括国家语言、官方语言等主流语言在内的各种语言;如何以有限的人力、经济、技术能力来实现上述内容;若要对语言进行排序又应该以何为依据呢?诸如此类的问题,可能与政府实行的多语服务、多语援助政策相背离。这一事实不可否认。

然而，一般而言，接受这种多重多语现象的国家所采取的语言政策中，宪法与语言法对移民语言地位相关法律保障仍然极其有限。但是，我们也能发现其他间接性办法。

例如，近年来，在北欧地区依照语言法将近代以后作为移民定居下来的较早期外来集团的语言视为标准原住民语言，并将其视为国家少数语言（national minority language），确保其法律地位。①而且，根据各国的规定，一旦被确定为国家少数语言，就可以在学校教育、公共机关、媒体方面使用。只不过即使在这些国家，也未出现将近年来持续增加的大量移民语言视为国家少数语言的例子。

为了弥补法律对移民语言权利保障上的缺失，近年来在一些国家开始制定的移民融合法中，会稍加补充移民语言的使用和权利的保障等相关内容。这原则上与作为移民融合政策的理念基础的多语、多文化主义相通，虽然其宣传形式较为模糊，但是作为与移民语言地位相关的法律规定勉强可以解释相关问题。②

在多重多语状况中，允许多种语言共存的政策，对许多民族国家而言具有挑战性危险，它从根本上否定了民族国家表面上一直以来推崇的单一语言主义的国家理念。③A）中所述平面多语状况，在保障地域语言官方地位的同时，作为国家理念，与保留"国家＝语言"这一单一语言主义的情况不同。正如下节所述，这种政策对于处于较弱小地位的外来集团的移民而言，或许会成为其与多数派发生摩擦以及引发他们反抗的重要原因。正如Coulmas（2010）引用了Kloss（1971）所述，在西欧社会，与地域语言等本土语言相比，移民语言更容易遭受歧视的原因在于存在以下意识：移居要符合东道主社会的共识；异质性可

---

① 瑞典的芬兰语和梅安语、挪威的克文语都是国家公认的少数语言。这些语言都是16世纪以后，从今天的芬兰地区移居过来的人们的语言，除芬兰语外，上述两种语言也来源于芬兰语的北部方言。但是，即使在这些国家，也未将近年来逐渐增加的索马里语、阿拉伯语、波斯语、库尔德语、俄语等语言视为国家的少数语言。

② 例如，芬兰于1999年5月实施的《移民融合法》第2条第1项中规定："本法所称'统一'，是指移民在保持自身语言和文化的前提下，以参加职场生活和社会活动为目标实现个人发展。"（Kotouttamislaki, 1999）

③ 西川（2001:398-399）指出，多元文化主义被视为会危害民族国家的叛乱者，同时也被视作欺瞒、抑制民族团结的新形式。但是，多元文化主义并未否定民族国家，反而从古典原理来看，它是为了复兴难以为继的民族国家而被创造的民族团结新形态。即，多元文化主义是民族国家形成期民族自决原则的现代版，它承认与民族和文化数量一样多的迷你国家。

能会成为维持国民一体性的阻碍;语言政策会带来经济负担;同种语言使用者聚居会推动同化。实际上,早在2000年,荷兰蒂尔堡大学(Tilburg University)致力于研究移民语言问题的巴比伦(Babylon)研究所就在欧盟6个主要城市实施了多语城市项目(Multilingual Cities Project)调查,研究者在与地域语言的比较中发现,并不存在推动母语教育等移民语言合法化的法律规定(Extra & Yağmur,2004:83-90)。

因此,为了避免大众对移民语言以及移民语言的相关政策产生抵触情绪,大多数接受多文化主义和多语主义的国家通常要求移民群体自身在尊重主流语言和文化的同时,包容多语言、多文化,积极促进移民语言之间以及文化之间的相互接触和交流。瑞典自20世纪70年代以来接纳了大量难民,并将多元文化主义作为移民社会融合的基础,但部分移民的极端城市聚居趋势以及与社会的隔绝成了一大问题。进入20世纪90年代,瑞典将移民的社会隔绝视为最严重的社会问题。而现如今,为避免特定移民群体的崛起、特权化、孤立化和隔绝,也为预防过度聚居及贫民区化,瑞典政府,特别是斯德哥尔摩等地方政府一直重视采取相关政策。①作为机会均等政策的一环,在提高地区教育水平和促进就业的同时,为了鼓励多数派与移民之间的融合、交流,这些国家正在积极推进包括多文化事业在内的统一政策。②

在日本,自20世纪90年代后半期起,在民间团体、地方政府或者作为外围团体的国际交流协会的各种活动中,"多文化共生"开始盛行。在当时的日本,除了对外国学生进行日语指导之外,③语言政策暂且不谈,就连对移民的接受都几乎未表现出上述政治决心。在这种情况下,实际上接受外国移民完全依赖于地方政府和民间的行动。不仅是日本,放眼世界,对于东道主的这种推动,移民语言使用者以及移民组织也都积极地接受了所谓的统一政策,虽然也有不少人并不热衷于参加多文化庆典等活动,但一般都会积极参与创造促进多语言接触的

---

① Budyta-Budzyńska(2011:49-50)指出,移民的劳动、经济活动与东道国社会完全割裂,且在人际交流、文化与语言接触方面也与东道国社会长年隔绝,这导致民族群体出现孤立、贫民区化和自我隔离。以多元文化主义为主基调的斯堪的纳维亚、以宽容政策著称的瑞典和时常采取严厉政策的丹麦,都在移民聚居区出现了严重的贫民区化和暴力冲突问题。因此,分析并解决导致这一现象的隔离问题至今仍是这些国家的一大课题(Staver et al.,2019)。

② 1997年,斯德哥尔摩市议会通过了一项名为"斯德哥尔摩城市整合计划"的决议,这是瑞典第一次在政府层面上积极推动移民融合(Integration Programme,1997)。

③ 庄司(2010:22-23)曾指出,日本针对"需要日语教学的孩子"的日语教学系统与所谓的移民母语教育相比更为出色。

环境。

## 3.3 移民语言使用者意识中的脆弱主张

本节，我们想探讨B)所假定的主流语言使用者与移民语言使用者、移民语言使用者相互之间直接接触机会较多的情况。首先，我们要确认下述内容。在B)这种多重多语状况中，我们可以感受到它的社会存在，但即便是在提高移民语言能力和多语意识等方面对主流人群产生影响的多语状况（这里暂且称之为多语环境），也并非总会导致说话者之间的直接语言接触。即，多语状况的质量并不仅仅取决于语言使用者之间接触的空间类型（多重性）。其次，使用移民语言的人数也未必与该语言的社会地位成正比。换言之，多数人未必会意识到它的存在。

截至2018年末，根据日本法务省入境管理局的统计，日本的在留外国人总数为2731093人，人口数量按国籍排序，依次为：(1)中国764720人；(2)韩国449634人；(3)越南330835人；(4)菲律宾271289人；(5)巴西201865人；(6)尼泊尔88951人。除了主要以韩国人、朝鲜人占多数的特别永久居住者321416人以外，剩下的2409677人中大部分是刚来日本的外国人，由此可以推测他们的母语并非日语。20世纪80年代后半期以来，作为移民语言的葡萄牙语、韩语、朝鲜语虽拥有较长的历史，但除了旅游景点和公共交通之外，即便是母语使用者聚居地区，移民们在主流语言使用者之间用母语大声交谈也不易被人察觉。

依据笔者的经验推测，与近年来不断增加的越南人、尼泊尔人所说的越南语、尼泊尔语相比，葡萄牙语、朝鲜语等的存在感较弱。如今，韩国人与巴西人语言的低曝光度，①也有可能反映了多数派在社会结构上对这些移民集团的偏见或无视。与此相反，越南人和尼泊尔人语言的曝光度较高，可能因为他们大多是留学生，也可能因为他们往往在城市的便利店、餐饮店等服务行业工作，且留日时间较短而尚未表露移民的一些劣迹。我们非常期待从今后日本移民政策的角度出发，调查因出身国和母语的不同导致的移民集体行为和意识的差异。

---

① 语言曝光度是本文第5节所讨论的内容，是指能够使大多数人感知和认识移民或移民语言存在的要素的程度。包括人所能视听理解的人类的语言行动和诸如广告、招牌、印刷物等物质层面的东西。但是，这里所说的越南人和尼泊尔人的语言曝光主要包括普通民众在都市中被动接收的对话频率、音量以及与对话密切相关的肢体表情等。

与此相关,我们需要指出一个事实,那就是包括移民语言的法律地位规定在内,以移民为对象的语言政策普遍滞后。通常,国家和多数民众对于移民语言的政策持消极态度的原因如上所述,且移民自身也很少对国家和行政提出要求并施加压力。正如阪神大地震①后发起的向外国人提供外语信息的运动所展现的,率先采取这一行动的大多是民间非政府组织等援助组织。

移民的要求相对保守的原因之一是其日语能力较差,他们不认识且不理解自己是信息弱势群体。另一个假定原因是,他们自身持有的自己是"外人"这一自觉与消极性。其中固然有社会对"外人"看法的影响,但更重要的是,作为外来者而非本土人的立场,使他们在对自己的(移民)语言提出要求时变得踌躇不决且畏首畏尾。这也与政府不愿意接受这种要求的消极态度有关。我们也可以理解,即使是在有日常接触的多语状况(即多语言环境)中,这种东道主社会的主流语言使用者和移民语言使用者之间的自我语言意识的不均衡,未必会产生直接且自然的语言接触。

## 4. 基于多语环境视角再思考当前的多语状况

众多文献指出,如今,B)的移民导致世界范围内快速出现多语状况,且这一现象也同样出现在日本各地。但这与以往以地区、平面分布方式维持的多语状况大不相同,可以说是多语状况的增加促进了本土多数居民与移民语言及其使用者间各种形式的接触和语言体验。其中既有不同语言使用者之间直接的、面对面的日常接触,也有不通过语言进行实质交流的寒暄程度的接触。但一点非常重要,即语言与语言群体已经直接或间接开始接触。从可能给居民意识带来影响这一角度来看,这种多语状况与以往最大的不同点便是:(1)让我们认清一个现实,在个人或身边的生活圈里,同时存在不同语言或其使用者群体,即所谓认识共存。换言之,在日常生活中,我们承认除自己语言以外的其他语言也在被使用着,且有时还会因此而发生矛盾、反复做出让步与协调;(2)在与曾经不熟悉的语言及其使用者的交流和接触过程中,或许能实现某种程度的沟通。根据情况选择合适的交流方式,有时甚至使用语言以外的方法也能达成相互理

---

① 1995年1月17日凌晨5时46分(日本当地时间)日本阪神地区发生了里氏7.2级强烈地震,震中在兵库县南部的淡路岛。地震造成6400多人死亡,4.4万人受伤。位于淡路岛及阪神间的兵库县周边地区遭到严重破坏,尤其是港口城市神户,几乎被摧毁。——译者注

解、相互交流。这一认识也是非常宝贵的经验。在此,笔者将能够产生这两种发现和觉醒的社会、语言现象重新定义为"多语环境"。这种多语环境,在与不同语言及其使用者的接触机会受到限制的单一语言体制下是不可能存在的,在A)这种因地域划分而形成的多语环境下也几乎是不可能的。

随着外国人的增加,日本人与外国人及其语言的接触也在增多。接触机会的增加和接触的质量会给日本人的意识带来何种变化呢? 对此,大槻(2006)早已展开了研究,但他是基于对外国人的偏见和排外意识的影响这一角度,而并非基于语言意识。在此之前,Allport(1954)也提出了一个较为知名的接触假说,即在具备接触的深度、频率和制度、地位平等等条件下,和外国人的接触与对他们的偏见和歧视意识呈现负相关关系。大槻茂实认为,在日本印证该假说的有效性要分不同情况,即看本地居民与外国人的接触是由于人口比例的增加等大环境因素,还是由于个人的经历,若是后者,还要通过点头之交到主动接触等多个阶段予以验证。结果表明,若是出于个人经历,包括点头之交在内,与对方接触得越多、越主动,对其偏见和歧视就越少。主动性强的接触通常包括以语言为媒介的直接、双向的接触,如互相交朋友或参加共同的活动等。

这些多语环境会对多语社会化产生怎样的影响虽有待实证考察,但我们想借用梅棹忠夫的观点及其带来的启示进行简单介绍,即约半个世纪前的日本社会,是如何在语言闭塞的状态下因为"与外语的对抗"而打开国门的呢?

> 日本人的语言生活中,几乎毫无与外语对抗的经验。但这也使日语成为日本人的专属之物,拒绝任何来自外部的入侵,使其成为仅属于日本人的语言。换言之,日本人一直将自己关在日语的外壳里。宛如日本属于日本人一般,日语属于日本人,日本也只能是日语的所属物。多年来,我们能够理解的只有日本人,而且只依靠日语。具体表现为,我们拒绝与外国人交流,与他们保持着一定的距离。面对外国人,尚未开始交流我们就会变得支支吾吾、缩手缩脚。外语的存在本身就不自然。(梅棹,1959)

这段话描述了一种时代状态,即当时的日本人几乎不与外语接触,沉迷于所谓的单一语言体制幻想之中。恐怕大多数日本人都未接触过外语,甚至不存在这样的问题意识。这段话巧妙地避开了背景描写,并未提及当时存在的不可动摇的单一语言意识形态。但值得注意的是,这段话也从另一个角度让人预感到,与外国人、外语直接对抗的时代即将到来,打破旧壳的时代也即将诞生。

## 5. 感知多语环境变化的因素

笔者一直好奇,多语环境会如何影响社会的多语化。由此也可考察,随着移民的增加而出现的多重多语状况所带来的多语环境的影响,尤其是对个人的影响。我们也可以推测出该影响大致分为两方面,即上述假设:(1)最终有助于人们获得和提高多语能力;(2)形成多语意识。然而,本文尝试讨论移民及其带来的多语环境将如何影响上述两方面,以及上述课题中的多语环境可能会对个人带来的启发和回忆这两种发现(觉醒),是通过目前怎样的现象感受到的。

一般而言,在外语习得这一有限的语境中,多语环境之所以受到重视,是因为其可以让我们获得一种体验,即通过直接、人际相互接触获得对象语言能力相关知识这一体验。(人种问题与扎根于日本的本土信仰使得外语学习变得更加复杂,但是)我们认为通过这种语言体验,可以习得语法知识和交流能力。然而,如前所述,如果我们基于比语言学习更广泛的视角来看待多语环境,就不同语言和语言群体共存的看法以及相互交流的能力而言,我们可以设想它可以提供许多这种机会的情况,尽管效果可能有所不同。实际上,迄今为止的一些研究也表明,在日外国人以及与他们接触产生的语言体验容易激发日本人对这些语言的兴趣和学习欲望。关于与在日外国人的接触是否会激发日本人对外语的兴趣和学习动机,寺沢(2014)进行了随机抽样调查,并发现,与外语使用者的简单接触经验和对语言学习的兴趣之间具有显著关系,但深度接触时两者却出现了排斥现象。但在调查结果中,笔者注意到,相比其他语言,三重县的日本人对巴西葡萄牙语和西班牙语的学习欲望更为强烈,数值偏高,这是因为三重县占了调查区域的七分之四,而日裔巴西人聚集较多的津市、铃鹿市、四日市市、伊贺市均隶属三重县。换言之,这些地区有许多来自巴西和智利的人,且当地日本人在日常生活中与他们的接触频率非常高,虽然学习动机尚不明确,但毫无疑问,接触与学习欲望是密不可分的。拜野(2020)提到,群马县大泉町等巴西人聚居地区,有许多针对当地居民开设的葡萄牙语培训班,且在爱知县和静冈县等巴西人聚居地周边的大学,日本学生也意识到地域需求从而开始学习葡萄牙语。

虽然称不上是交流体验,但如果只是让人意识到自己与不同语言及其说话者共存,如后文所述,即便不通过人的直接语言活动,只是通过背景暗示其存在,也有一定效果。

## 5.1 分析角度

首先,毋庸赘言的是以面对面的人际接触为媒介的跨语言体验效果显著,其中使用不同语言的双向交流效果最为显著。但是,交流体验不必局限于不同语言。即使媒介语是日语,或者是非语言手段,只要能想象对方是不同语言使用者,就有一定的效果。曾经的日本人若看到对方是外国人,即使他们说的是日语也常常会回避与其接触,我们只要简单回想那个时代,就能理解日常的人际接触的效果了吧。其次,深层次的交流体验(能相互理解的感觉)可能与接触和交流的方式有关。换言之,与上文提及的面对面的双向对话(普通对话)相比,单方面的交谈,或是站在第三者的立场旁观都会有所差异。

基于以上观点,在多语环境中,我们将有机会感知与多语言(使用者)共存以及交流的接触和体验。按其形态或媒介进行分类,可以整理如下:(1)我们将接触大致分为人际接触和非人际接触。前者又大致分为面对面接触和第三者式匿名接触。面对面接触根据场合的不同,可以假设为双向均衡式和单向较强式两种。当然,第三者式匿名接触是以当事人为接受方的单方面接触。(2)不涉及人类的物质(间接)接触,则被分为在公共场所随处可见的印刷物和经常被称为语言景观的公共空间的标识。这些都象征和暗示着其背后的多语言和使用者群体的存在,也可能作为衡量社区活力和东道国社会对移民接受程度的指标。同时,这些都暗示了在本文第2节开头提及的作为多语社会重要条件之一的多语主义和政策,对移民共存的自觉性作为多语环境的效果之一,也被进一步强化。以听觉为媒介的多语介绍、广播作为物质接触形态,最近也开始增加,这些也有可能取得与上述相同或更好的效果。

## 5.2 自觉体验多语的契机

(1)人为因素

1)面对面的语言接触(双向的、单向的)(以口语、外语为媒介的)

如与家庭成员、熟人、邻居、公司和学校等同事的交往;与商店(民族特色商店等)的来往;在兴趣、文化、宗教活动等方面的交往;与初次见面之人的交往。

2)以匿名第三方的身份接受或旁观他人的跨语言活动。如在商店、街道、交通工具等公共空间和设施中外语使用者之间的跨语言活动;商店等场所的多语接待;政府部门的多语服务窗口的接待、多语咨询活动等。

**（2）物质（间接）因素**

1）印刷品

如民间企业的各种多语指南；多语交通、旅游指南和宣传册；民族特色商店等地常见的多语信息杂志和报纸等；行政部门的多语服务和宣传指南，各种手续和登记表的多语翻译版本。

2）标识物（广告牌、指示牌、地图）（即多语景观）

如地名标识；公共机构设施名；设施内地图的多语标识；政府发布的多语提醒和警告标识（包括垃圾分类指南）；一般商店和民族特色商店店名等多语招牌和广告；交通工具的站点名、目的地以及其他乘客指南的多语标识；自动售货机、街头和民族特色商店内的私人告示；跨文化交流和民族特色庆典等活动海报等。

3）听觉媒介（媒体）

如行政部门介绍；商店介绍；交通工具、旅游设施介绍；多语广播。

# 6. 结语与今后的课题

本文尝试基于当下备受瞩目的"社会多语化"视角，探讨了迄今为止与个人的外语习得以及使用相关的"多语环境"。作为讨论的前提，我们建议从社会多语化的角度出发，将"多语状况"的概念限定为由移民带来的、在城市等地可以看到的多重多语现象。基于这一观点，我们可以在"社会多语化"的进程中，将与多语使用者的日常接触、语言体验这些可能日趋重要的因素纳入视野，如下所述重新定义"多语环境"。

换言之，不同语言会带来两种启发：（1）在个人或邻近共同体的生活圈中，感知到不同语言及其使用者群体的共存；（2）通过与不同语言及其使用者的交流和相互学习，促进相互理解和交流。因此，在多语现象中，为了明确可能促进多语环境两种启发的契机，笔者尝试从个人经验出发，对现实中可以确认的各种可见（包括可听的）现象进行了整理。

以上只是作为今后讨论基础的试论。特别是定义中提到的"多语环境"能唤起上述两种个人意识，这在理论上和实证上是否妥当，以及在此之前我们期待的多语能力的提高和多语意识的启发之间具有怎样的联系，这些根本问题就是此次的研究课题。此外，本文还有一个重点，就是希望通过微观的实证研究，验证并完善多语状况中能成为两种启发契机的语言接触体验列表（见第5.2节）

17

中的分类方法和各条目的效果。

最后，我们想再补充一个以移民增加为契机，与所有社会语言现象研究相关的问题。特别是近年来大量外国游客涌入日本，游客入境带来的新型多语现象，以及官方和民间对多语的各种应对。[①]本文所讨论的社会多语化这一研究框架内也一直存在一些难以解决的问题，即作为现实中可确认的多语环境的构成要素。例如，在多语印刷物和标识物中，我们无法判断哪些是针对定居移民的，哪些是针对游客的。在对多数日本人的言行和意识的影响方面，两者的区分更是难上加难。包括在某些情况下，区分多语使用者是移民抑或游客既不可能也毫无意义，这也是我们今后的研究课题。

# 参考文献

梅棹忠夫(1959)「日本語と日本的思考」『NHKラジオテキスト国語講座』第5巻1号、pp.11-19.

大槻茂実(2006)「外国人接触と外国人意識—JGSS-2003データによる接触仮説の再検討」『日本版General Social Surveys研究論文集』第5号、pp.149-159.

尾辻恵美(2016)「メトロリンガリズムとアイデンティティ」『ことばと社会』第18号、pp.11-34.

川上郁雄(2013)「『移動する子ども』へ向けた視座」川上郁雄編『「移動する子ども」という記憶と力—ことばとアイデンティティ』くろしお出版、pp.1-42.

庄司博史(2007)「日本社会の多言語状況—何がかわったのか、何がかわるのか」『明海大学大学院応用言語学研究』第3号、pp.33-48.

庄司博史(2010)「資産としての母語教育の展開と可能性—その理念とのかかわりにおいて」『ことばと社会』第12号(移民言語2)、pp.7-48.

庄司博史(2013)「多言語社会のとらえかた—いくつかの視点」多言語化現象研究会編『多言語社会日本—その現状と課題』三元社、pp.11-28.

庄司博史(2020)「観光言語学は成り立つのか—移民言語から観光言語へ」(対談聞き手:藤井久美子・山川和彦)山川和彦編『観光言語を考える』くろしお出版、pp.203-216.

砂野幸稔(2012)「序論　多言語主義再考」砂野幸稔編『多言語主義再考—多言語状況の比

---

① 山川(2020)指出，在接待随着入境而增加的外国游客方面如今出现了怎样的现象呢？该书除了考察民间和政府的语言接待之外，还考察了外国游客和"旅游语言"对东道国社会带来的影响。在该书的对谈中，笔者讨论了创造多语现象的主体从乍一看的移民逐渐转向旅客的现状，以及这给多语化研究带来的问题(庄司，2020)。

較研究』三元社、pp.11-46.

砂野幸稔編(2012)『多言語主義再考―多言語状況の比較研究』三元社。

寺沢拓敬(2014)「英語以外の異言語に対する『日本人』の態度の社会統計学的分析」『言語情報科学』第12号、pp.91-107.

西川長夫(2001)『増補　国境の越え方　国民国家論序説』平凡社ライブラリー。

野呂香代子(2006)「机上の理論を越えるために」植田晃次・山下仁『「共生」の内実―批判的社会言語学からの問いかけ』三元社、pp.233-248.

拝野寿美子(2020)「ブラジル人集住地における住民の多国籍化・多言語化―群馬県大泉町の事例を中心に」福永由佳編『顕在化する多言語社会日本』三元社、pp.179-196.

稗田乃(1999)「民族のアイデンティティと言語―死語のプロセスの類型論」庄司博史編『ことばの二〇世紀』ドメス出版、pp.140-154.

安田敏朗(2011)「『多言語社会』という幻想」安田敏朗『「多言語社会」という幻想』三元社、pp.1-33.

安田敏朗(2020)「『多言語社会』の語り方」福永由佳編『顕在化する多言語社会日本』三元社、pp.58-80.

山川和彦編(2020)『観光言語を考える』くろしお出版。

Allport, G. W. (1954) *The Nature of Prejudice*. Boston：Addison-Wesley.［原谷達夫・野村昭訳(1977)『偏見の心理』培風館。］

Budyta-Budzyńska, Malgorzata (2011) Adaptation, Integration, Assimilation：An Attempt at A Theoretical Approach. Malgorzata Budyta-Budzyńska (ed.) *Integration or Assimilation?： Polish Immigrants in Iceland*. Varsjá：Wydawnictwo Naukowe Scholar, pp.43-64.

Coulmas, Florian (2010) The Ethics of Language Choice in Immigration. *Language Magazine*, May：19-22.

Coulmas, Florian, Peter Backhaus & Ayako Shikama (2002) Monolinguistic Assumptions under Pressure—Perspectives on the Languages of Tokyo from the Points of View of the Economics of Language and Social Psychology. *ASIEN*, 84：8-18.

Extra, Guus & Kutlay Yağmur (2004) Introduction-Multidisciplinary Perspectives. Guus Extra & Kutlay Yağmur (eds.) *Urban Multilingualism in Europe：Immigrant Minority Languages at Home and School*. Clevedon：Multilingual Matters, pp.1-105.

Integration Programme (1997) Integration Programme for the City of Stockholm (Integrationsprogram för Stockholms stad). Adopted by Stockholm City Council on February 3, 1997. (Reviced by the City Council on May 25, 1998). https://sok. stadsarkivet. stockholm. se/Bildarkiv/Egenproducerat/Kommuntrycket/KTR1014_009_ps. pdf. (アクセス日2020年6月4日)

Kloss, Heinz (1971) Language Rights of Immigrant Groups. *International Migration Review*, 1

（1）：250-268.

Kotouttamislaki （1999） Laki maahanmuuttajien kotouttamisesta ja turvapaikanhakijoiden vastaanotosta （493/1999）.

Mackey, William F. （2005） Multilingual Cities. Ulrich Ammon, Norbert Dittmar, Klaus J. Mattheier & Peter Trudgill （eds.） *Sociolinguistics：An International Handbook of the Science of Language and Society*, Vol. 2. Berlin：Walter de Gruyter, pp.1304-1312.

Nelde, Peter Hans （1997） Language Conflict. Florian Coulmas （ed.） *The Handbook of Sociolinguistics*. Oxford：Blackwell, pp.285-300.

Shoji, Hiroshi （2019） Japan as a Multilingual Society. P. Heinrich & Y. Ohara （eds.） *Handbook of Japanese Sociolinguistics*. Abingdon：Routledge, pp.184-196.

Staver, Anne Balke, Jan-Paul Brekke & Susanne Soholt （2019） *Scandinavia's Segregated Cities—Policies, Strategies and Ideals*. Oslo：Norwegian Institute for Urban and Regional Research, Oslo Metropolitan University.

# 描述国家多语主义的概念性框架

约翰·C. 马赫

> 语言的多样性始于邻里、家庭和个人。
> "语言"是数百万个小宇宙的结合体。

（Weinreich，1953：viii）

## 1. 引言：从多语主义到社会语言学①

如何从结构上描述多语社会呢？20世纪50年代，伊德什语（Yiddish）研究者U. 魏因赖希（U. Weinreich）和他的学生J. 费什曼（J. Fishman）有一个共同的担忧，那就是如何在（当时美国的）同化主义意识形态中描述语言的多样性。时至今日，仍然没有一个合适的多语主义概念性框架。即，尚无框架以描述多语社会。若存在对日本有用的框架，那具体又是怎样的呢？

## 2. 描述国家语言多样性的传统方法

描述社会的语言多样性是当代社会的一大主题。民间组织和研究团队目前也在研究语言的多样性，他们的研究重点是政治方针、语言权利、语言教育、官方认可的少数群体的地位等。

### 2.1 19世纪实施的殖民时代的调查

1886年，英国殖民政府在现在的印度、孟加拉国、巴基斯坦和尼泊尔对多语

---

① 更合适的法语术语是语言社会学（the sociology of language）。参见 M. 柯恩（M. Cohen）的《语言社会学》（*Une Sociologie du Language*，1952）。

现象进行了全球首次大规模国际调查。1886年至1927年,由英国语言学家乔治·亚伯拉罕·格里尔森(George Abraham Grierson)带领的团队动员政府官员收集数据,实施了印度语言调查(Linguistic Survey of India)。该调查明确了179种语言和544种方言。得到印度总登记处和人口普查局语言司(Language Division of Office of the Registrar General & Census Commissioner of India)的支持后,第二次印度语言调查项目于1984年启动。截至2010年底,该调查已经完成了约40%。

## 2.2 20世纪实施的跨国调查

由原殖民政府和福特基金会(Ford Foundation)开创性实施的"东非语言使用与教学调查"(Survey of Language Use and Teaching in East Africa)(1967—1971)成为多语主义研究史的转机。该调查在荷兰的奈梅亨(Nijmegen)和法国的贝桑松(Besançon)进行,为期四年,其调查对象为肯尼亚、埃塞俄比亚、乌干达、赞比亚和坦桑尼亚的城市、农村和部落的诸语言。著名的社会语言学家P.赖福吉(P. Ladefoged)、C.福开森(C. Ferguson)、R.格里克(R. Glick)、C.库里伯(C. Criper)、R.库伯(R. Cooper)、D.帕金(D. Parkin)、C.布拉图(C. Prator)等参与了该计划,为"语言状况学"的基础构建做出了贡献。

## 2.3 欧盟与联合国对多语主义的共同推进

欧盟和联合国在多语主义研究上开展合作[例如,联合国教科文组织绘制的"世界濒危语言地图"(Atlas of the World's Languages in Danger)①],其目的在于提高多语主义意识。欧洲议会还通过了多语主义相关法律:关于欧盟区内地区和少数民族语言、文化的《凯珀斯决议》(Kuijpers Resolution),以及阿尔菲决议(Arfé Resolution)。于1987年成立的墨卡托多语主义和语言学习研究中心(the Mercator European Research Centre on Multilingualism and Language Learning),又称墨卡托网络(the Mercator Network)也是获得欧盟支持的机构之一,该机构目前共有600名来自世界各地的专家研究少数语言、多语主义以及语言教育。

## 2.4 民间研究机构的语言数据收集

《民族语》(*The Ethnologue：Languages of the World*)创刊于1951年,主要统

---

① 参见 http://www.unesco.org/languages-atlas/(2019年9月2日访问)。

计现存于世的诸语言,收集其他相关信息编成年度刊物发行,并在网络上公开。美国国际暑期语言学院(SIL International)①是一个以美国为基地的研究机构,其主要目的是翻译《圣经》和传教而开展扫盲运动,同时也支持多语主义的相关研究。

## 2.5　学术性综合语言调查

以"西班牙的多语现象""加拿大的诸语言""荷兰的社区语言"等为标题的专著和百科全书在我们身边随处可见。这类图书属于社会语言学的范畴,首次出现于20世纪八九十年代,其中也包括有关多语现象的研究和论文。

这类学术研究试图在国家这一框架内从大局上把握语言的多样性。英国方言研究者 P. 特拉吉尔(P. Trudgill)在其著作《不列颠群岛的语言》(*Language in the British Isles*, 1984)中也做了相同的尝试。这部著作由四部分构成,分别为:(1)英语;(2)凯尔特语族;(3)其他语言;(4)社会语言学的现状。但特拉吉尔似乎尚不明确该如何对待大不列颠和北爱尔兰联合王国[以下简称英国(UK)]的语言多样性以及非传统诸语。例如,为何英国手语被视为"其他语言"?是因为使用者少吗?还是因为与古凯尔特语族相比其历史较短?据记载,16世纪之后,在英格兰出现了聋哑人社群,18世纪在苏格兰还出现了聋哑人学校。然而,为何英国手语会被归类为"其他语言"呢?同样,人口众多的移民语言,例如印地语、波兰语、汉语或罗马语等在"社会语言学的现状"一章中却并无踪影(虽然曾被轻描淡写地提及,但在上述"(4)社会语言学的现状"中未被详细讨论)。我们无意批判特拉吉尔,只是想说明设定合适的著作框架似乎是个难题。在约25年后出版的《不列颠群岛的语言》(*Language in the British Isles*)(Britain, 2007)一书中出现了一个有趣的现象,虽然特拉吉尔的分类方式得以沿用,但却多了在此期间英国也"确实发生了很大变化""(英国)群岛越发民族化"等记载。这本新书具有革命性,对"更多少数民族使用的语言的历史以及社

---

① SIL 是英语 Summer Institute of Linguistics 的简写,意即"暑期语言学院"。它于1934年在美国阿肯色州开办,起初是为传教士提供暑期语言训练,使他们掌握基本的语言学、人类学及翻译学的基本原理,以便其后参与《圣经》的翻译工作。现在的 SIL 是一个国际性、非营利、宗教性的科学组织,主要研习、开发及记录一些比较鲜为人知的语言,借以拓宽语言学知识、推动世界识字率及扶助少数族裔的语文发展。它通过其旗舰网站"民族语"来提供各项研究数据。——译者注

会语言学①的地位"进行了调查(Britain,2007:1)。此外,还有诸如下述百科全书式的调查案例(表1)。

**表1　语言多样性调查(节选)**

| 国家/地区 | 书名 | 作者/编者 | 出版时间 |
|---|---|---|---|
| 非洲 | 《坦桑尼亚语言》(*Language in Tanzania*) | Edgar C. Polomé & Clifford Hill | 1980年 |
| 澳大利亚 | 《澳大利亚语言》(*Language in Australia*) | Suzanne Romaine | 1991年 |
| 加拿大 | 《加拿大语言》(*Languages in Canada*) | John Edwards | 1998年 |
| 欧洲 | 《欧洲城市多语状况:家庭和学校的少数族裔移民语言》(*Urban Multilingualism in Europe: Immigrant Minority Languages at Home and School*) | Guus Extra & Kutlay Yağmur | 2004年 |
| 西班牙 | 《西班牙多语状况:少数语言群体的社会语言学和心理语言学》(*Multilingualism in Spain: Sociolinguistic and Psycholinguistic Aspects of Linguistic Minority Groups*) | M. Teresa Turell | 2000年 |
| | 《西班牙和葡萄牙的语言:从社会语言学角度出发》(『スペインとポルトガルのことば—社会言語学的観点から』) | 坂東省次・浅香武和 | 2005年 |
| 荷兰 | 《荷兰的共同体语言》(*The Community Languages of the Netherlands*) | Guus Extra & Ludo Verhoeven | 1993年 |
| 以色列 | 《以色列的语言:政策意识形态和实践》(*The Languages of Israel: Policy Ideology and Practice*) | Bernard Spolsk & Elana Shohamy | 1999年 |
| 法国 | 《法国,多语国家(第一卷):法国的语言,一个历史和社会问题》《法国,多语国家(第二卷):法国的语言实践》(*France, Pays Multilingue: Tome 1—Les Langues en France, un Enjeu Historique et Social: Tome 2—Pratiques des Langues en France*) | Genevieve Vermes & Josian Boutet | 1987年 |

---

① J. R. 弗斯(J. R. Firth)有一部在印度旁遮普邦写成的关于多语的早期著作《人类的语言》(*The Tongues of Men*,1937)。"社会语言学"一词主要用于人类学。

续表

| 国家/地区 | 书名 | 作者/编者 | 出版时间 |
|---|---|---|---|
| 法国 | 《法国语言：向国家教育、研究技术部长及文化教育部长报告》(*Les langues de France: Rapport au Ministre de l'éducation Nationale, de la Recherche et de la Technologie et à la Ministre dela Culture et de la*) | Bernard Cerquiglini | 1999年 |
| 日本 | 《日本语言》(*The Languages of Japan*) | Masayoshi Shibatani & Masayoshi Shibatani | 1990年 |
| | 《日本的多语状况》(『日本のバイリンガリズム』) | John C. Maher・八代京子 | 1991年 |
| | 《走向新的日本观和世界观：日本语言和文化的多样性》(『新しい日本観・世界観に向かって：日本における言語と文化の多様性』) | John C. Maher・本名信行 | 1994年 |
| | 《日本文化和语言的多样性》(*Diversity in Japanese Culture and Language*) | John C. Maher & Gaynor Macdonald | 1995年 |
| | 《多语主义日本》(*Multilingual Japan*) | John C. Maher & Kyoko Yashiro | 1995年 |
| | 《地域语言的动态——关西篇》(『地域語のダイナミック 関西篇』) | 真田信治 | 1996年 |
| 瑞典 | 《瑞典的国内语言》(*Sveriges ju inhemska språk*) | Kenneth Hyltenstam | 1999年 |
| 英国 | 《北美原住民的语言》(*The Languages of Native North America*) | Marianne Mithun | 1999年 |
| 美国 | 《美国的语言》(*Language in the USA*) | Ferguson & Shirley Brice Heath | 1981年 |

与特拉吉尔不同，Alladiana 和 Edwards 在《不列颠群岛的语言》(*Multilingualism in the British Isles*, 1991)一书中，用更细致的方法对多语主义进行了分类。他们根据历史（"自古以来就存在的"）和地理（地中海）等"群体范畴"对诸语言进行了如下分类。

第一卷　更古老的母语和欧洲

第一节　更古老的母语(英国手语、盖尔语、爱尔兰语、罗马语、威尔士语)

第二节　东欧(匈牙利语、立陶宛语、波兰语、乌克兰语、伊德什语)

第三节　地中海(塞浦路斯语、意大利语、葡萄牙语、西班牙语、摩洛哥语)

第二卷　非洲、中东及亚洲

第一节　西非和加勒比海沿岸(西非诸语言、非洲英语、法国克里奥尔语)

第二节　南亚(孟加拉语、古吉拉特语、印地语、旁遮普语、乌尔都语、斯里兰卡语、僧伽罗语、泰米尔语)

第三节　东亚(菲律宾语、日语、新加坡/马来西亚语、越南语)

第四节　中东(波斯语、希伯来语)

在研究国家的多语主义时,应该"选取"(包括)哪些语言,"排除"(不包括)哪些语言呢? 这是一个值得探讨的问题。柴谷方良的《日本的语言》(*The Languages of Japan*,1991),以及 N. 特兰特(N. Tranter)的《日本和韩国的语言》(*The Languages of Japan and Korea*,2012)中都选取了日语、阿伊努语、琉球语这三种语言。Maher 和 Yashiro(1995)与マーハ和八代(1991)在此基础上列出了五个"不属于特定民族"的主题,其中包括了归国者和双语家庭(不包括日本手语)。那么,哪种语言属于"国家"呢? 再者,我们该如何选择呢? 分类的意义极其深远,因为这体现了我们如何看待一个国家的语言多样性。

## 3. 描述国家多语主义的概念性框架

以下为解释"国家的多语主义"①而提出的七个框架。

---

① 多语主义(multilingualism)是指两种或三种以上的多语言使用,相应的形容词与名词为 multilingual。

(1)人口普查——居民个人层面的多语主义

(各地以个人为单位,对语言多样性的共识及其全貌)

(2)标准语及其多样性的多语主义

(国内与海外的多样性,两种语言并用)

(3)历史多语主义

(过去的多语主义)

(4)遗产语言和准国家语言中的多语主义

(原住民诸语言,传统诸语言)

(5)特定领域中的多语主义

(商业、科学、宗教、音乐、体育)

(6)社区中的多语主义

("街道"、老居民和新邻居、商店、工作单位、车站、市场)

(7)教育领域中的多语主义

(学校、大学和民族语言学校)

## 3.1　人口普查——居民个人层面的多语主义

笔者认为,无论是实证性还是象征性,衡量一个国家是否接受多语主义的最重要指标就是人口普查(以家庭为单位的人口普查)。通过人口普查,可以人规模、广泛收集全国的人口语言数据。特定的问题还可记录语言的多样性、地域分布以及对语言的喜爱程度等。人口普查既是了解多语主义的窗口,也是政府制定语言政策的依据。其方法也多种多样。众所周知,越南(人口9050万人)拥有多种语言群(如芒语、占语、柬埔寨语、侬语、汉语、赫蒙语)。英语使用者在增加,法语使用者则在减少。越南的人口普查中设有民族相关的问题,却无语言相关的问题。

表2显示了人口普查中语言和民族问题的四种类型。

表2　人口普查中的语言和民族问题

| 类型 | 国家 | 具体问题 |
|---|---|---|
| 有语言问题,也有民族问题 | 挪威、南非 | 挪威自19世纪起便开始收集民族以及语言信息。在南非,对于"在家里最常说的两种语言是什么?"这一问题,有13个选项可供选择。13个选项包括11种官方语言和"手语""其他"。 |

续表

| 类型 | 国家 | 具体问题 |
|---|---|---|
| 无语言问题,有民族问题 | 越南 | — |
| 有语言问题,无民族问题 | 意大利、加拿大、爱尔兰 | 爱尔兰会针对特定语言提出若干问题并收集各种数据,还会抽样调查爱尔兰口语的使用频率(作为教育的一环每天使用、除教育之外每天使用、不经常使用、完全不使用)以及居民的多语言背景。 |
| 无语言问题,无民族问题 | 冰岛、日本、韩国 | 民族和语言的相关问题是否被视为个人隐私问题?上述三国会统计国籍,政府部门(例如教育部)也会统计语言相关数据,例如政府部门会调查公立学校母语非日语的在读学生。 |

关于语言问题,加拿大(人口3650万人)提出了一个饶有趣味的模式。近年来,加拿大剔除了民族或种族相关问题,增加了语言相关问题。①

以下内容摘选自2016年加拿大人口普查内容②。

7.问:您能顺利使用英语或者法语进行对话吗?

　　1:只会英语

　　2:只会法语

　　3:英语和法语都会

　　4:英语和法语都不会

8.a)问:您在家里说得最多的语言是什么?

　　1:英语

　　2:法语

　　3:其他语言:具体为_____

8.b)问:您平时会在家里使用其他语言吗?

　　1:不会

　　2:会,英语

---

① 加拿大的官方语言有两种,分别是美洲原住民语言和移民语言。

② 节选自加拿大统计局实施的2016年人口普查,参见 https://www12.statcan.gc.ca/census-recensement/2016/dp-pd/index-eng.cfm(2019年9月2日访问)。

3：会，法语

4：是，其他语言：具体为_____

9.问：您在家里最先掌握的，至今还能理解的语言是什么？

1：英语

2：法语

3：其他语言：具体为_____

英国也效仿加拿大，自2011年起在人口普查中加入了语言相关问题。英国关注的是市民的"语言多样性"以及"语言熟练度"。以下内容摘选自2011年英国人口普查[①]。

（1）主要语言（请在选项后打√）

（2a）其他语言（请具体描述）

（2b）关于英语口语熟练度的附加提问

对于"您的英语能力如何？"的问题，请从以下四个选项"非常流畅""流畅""不流畅""完全不会"中选择一个来回答。

随着国家对多语现象态度的改变，人口普查的内容也在改变。意大利的国语（national language）只有一种。2012年以前，意人利的人口普查将地域语言［弗留利语（Furlan）等］视为"方言"，不承认它是一种语言。1999年，意大利第482号法律规定，将社区语言（德语、法语等）视为"外语"，将少数语言则视为"历史上的少数语言"。但是，2012年的意大利人口普查改变了方向，开始对其使用"母语"这一术语。

人口普查为多语主义提供了丰富的数据。尤其是涉及年龄、性别、社区、街道等社会变量时（Ó Riagáin，2018）。[②]人口普查关注语言，这体现了人们对多语主义的兴趣和意识。加拿大的人口普查经过30年的发展，将语言相关问题加

---

① 节选自英国国家统计局实施的2011年人口普查，参见 https://www.ons.gov.uk/census/2011census（2019年9月2日访问）。

② 笔者在此推荐爱尔兰杰出的语言社会学家、都柏林圣三一大学学者帕特里克·奥里根（Pádraig Ó Riagáin）的著作。《普查与调查中的语言能力测量方法：比较分析与评估》（*Measures of Language Proficiency in Censuses and Surveys：A Comparative Analysis and Assessment*，2018）提出了一个大范围的人口普查问题，用于衡量语言使用情况和熟练程度。

进人口普查数据内,是一个"良好实践"的典范。

日本也应当做好体现日本语言多样性的人口普查。2015年的日本人口普查表虽然使用了27种语言,但其中并无任何与语言相关的问题。笔者认为所谓人口普查,应该是一个全体公民共享语言相关知识的机会。

## 3.2　标准语及其多样性的多语主义

如何处理地域语言多样性是衡量一个国家对多语现象包容态度的指标。标准语的多样性以及明确的文化多样性,成了多语主义相关讨论的一部分。在爱尔兰和苏格兰,具有口语多样性的英语与书面语形成鲜明对比。地方方言是语言多样性的一部分。Fishman等(1977)对多语主义的解释中包含了"语言扩散"(language spread)这一概念。标准语虽然超越了最初的领域向外扩散,但仍然与原来的标准语具有关联性。例如,新斯科舍的苏格兰盖尔语、曼彻斯特的爱尔兰语、夏威夷和杜塞尔多夫的日语等。某些语言产生了自己的标准(例如,魁北克法语),即"多中心多语主义"(polycentric multilingualism)(Maher,2017)。此外,也有从属于本土标准语的语言[参见密克罗尼西亚日语(Toki,1998;Sanada,1998)和帕劳日语(Long & Imamura,2013)]。战争、殖民地政策、移居外地都是笔者命名的"标准语离散型多语主义"(standard dispersal multilingualism)产生的主要原因。Matsumoto(2011)将此现象命名为"流散在太平洋上的日语"(Japanese diaspora of the Pacific)。

## 3.3　历史多语主义

了解现在比了解过去更容易。我们对现代语言多样性的了解远远超过了过去。然而,为了宏观地把握当今的多语现象,我们需要描述过去的多语主义,即,要建立曾经的语言多样性的框架。例如,在日本的罗马天主教中,拉丁语一直是礼拜、祈祷用的标准宗教语言。但是,这个语言却突然被抛弃,并且彻底消失了(1964年11月28日消失)。如今,老年人中仍有能听懂拉丁语的人。同样,在日本,荷兰语和德语属于(医学领域的)专业用语。而且德语是当今日本社会的"语言孤儿"(language orphan)(Maher,2007)。

多语主义就是历史。在日本,哪种语言和语言多样性在过去曾被使用,又最终衰退了呢？日本有几个被记录下来的皮钦语[①]，它们是在第二次世界大战后的占领时期以及越南战争时期，美军基地使用的皮钦语（Maher，2007：111）。就某种意义而言，历史多语主义尚未得到充分的研究，但也存在如下文献：《意大利多语主义的今昔》（*Multilingualism in Italy Past and Present*）（Lepschy & Tosi，2002），《如何研究过去的现象：调查达吉斯坦的传统交流情况》（*How to Study Multilingualism of the Past*：*Investigating Traditional Contact Situations in Daghestan*）（Dobrushina，2013），《揭示过去的多语现象：语言接触、语言使用和语言规划的相互作用》（*Unraveling Multilingualism in Times Past*：*The Interplay of Language Contact*，*Language Use and Language Planning*）（Rutten et al.，2017）。此外，在都柏林发行的《爱尔兰的语言》（*The Languages of Ireland*）（Cronin & Ó Culleanáin，2003）是历史多语主义的典范之一。该书收录了语言学专家对爱尔兰多样性语言的12项研究，聚焦语言，参照翻译、解释、神话、文学，考察语言的现在和过去以及语言政策。这种方法包含了历史和现在（表3）。

表3 《爱尔兰的语言》主要内容

| 语言 | 内容 |
|---|---|
| 中世纪爱尔兰拉丁语 | 欧洲学术和宗教的通用语言 |
| 中世纪爱尔兰法语 | 文化的语言、上流社会的语言、法律文书的语言，来自12世纪法国的移民语言 |
| 爱尔兰语 | 宪法和教育制度认可的约10万人的日常用语，希望众多爱尔兰人使用的语言 |
| 爱尔兰手语 | 约有5万人知道并使用爱尔兰手语 |
| 阿尔斯特苏格兰语 | 17世纪以来存在于爱尔兰的苏格兰语 |
| 古希腊语 | 古希腊语对爱尔兰文学（和戏剧）的影响 |

这本于都柏林出版的书指出，要论述适合多语主义的框架，应该分析其过去和现在。论述现在比历史容易。该书作者们既未提及雪尔塔语（Shelta），即克里奥尔语，也没有在相关章节提及波兰语、立陶宛语、拉脱维亚语这些在爱尔

---

[①] 皮钦语（Pidgin）一词源于英语单词"business"（商业）的中文发音，最初是指中国的皮钦英语（又称"洋泾浜英语"），是由18世纪初在中国澳门和广州从事贸易的英国人与当地人做生意过程中发展出的一种贸易语言，后传播到其他沿海通商口岸。——译者注

兰使用人口较多的民族语言。他们的主要目的在于历史。反观日本,在讨论日本的多语主义时,过去的移民、学术、宗教、歌曲、场所、人群、文学中又曾经存在过怎样的语言呢?

### 3.4　遗产语言和准国家语言中的多语主义

原住民语言是国家遗产的一部分,拥有独特的文化背景。英国有威尔士语、英国手语、苏格兰盖尔语,日本有阿伊努语、琉球诸语、日本手语,这些语言都有各自不同的历史。在这些语言中,有一部分被视为"原住民语言"或"少数语言"或"官方用"。当然,其中也有单独获得国语地位的语言。苏格兰盖尔语就是苏格兰民族身份的一个象征。它被归类为"原住民"语言,但(还)不是苏格兰的官方语言。琉球诸语虽然在历史上拥有国家性背景(如苏格兰的"王国"),但其地位并非官方用语[关于琉球诸语的社会语言学,Heinrich 等(2015)进行了大量的研究]。琉球诸语这样的语言因具有历史背景而属于准国家语,而阿伊努语这样的语言,至少其存在是被国家公认的。日本手语则被归类为富有多样性的传统语言。

### 3.5　特定领域中的多语主义

多语主义存在于各种语言中,如歌曲、文学、艺术、科学、技术等。具体为商务用的英语、歌剧用的意大利语、乒乓球用的汉语、清真寺用的阿拉伯语、正教会用的俄语等。语言与不同的社会背景[即费什曼提出的传统概念"域"(domain)]相结合,在该国的文化历史中发挥作用。关于多语主义,笔者最初研究的是日本的医学交流语言(英语、日语、德语、法语、意大利语、汉语、荷兰语)(Maher,1986,2007)。

### 3.6　社区中的多语主义

城市的多语主义研究就是观察街头巷尾的各种语言。例如,城市和乡村的民族社区,各种语言充斥的耶路撒冷街头巷尾(Rosenbaum et al.,1977)、东京新宿街头的广告牌(Backhaus,2006)、唐人街和韩国人街(Maher,2005,2016)。在城市深层的多语主义中,人们拥有多重的语言身份,进行着跨语言或都市语言活动(Pennycook & Otsuji,2015;Maher,2010)。

在人们的日常生活中,语言在活动场合的交流中相互重叠。多语主义从工作等场合的用语中可见一斑。例如,街头、商店或市中心的市场[参见尾辻(2016)对位于东京神乐坂的餐厅中"都市语言"交流的分析]。

"社区语言"的相关调查也不少,"社区语言"即在多数派语言的背景下少数群体和社区的人们所使用的各种语言。

在伦敦,20世纪80年代的少数语言项目(Language Minorities Project)记录了英格兰11个地方的历史、语言使用模式和母语教育。欧盟的欧洲理事会(Council of Europe)为描写"欧洲的多语主义"提供了支持。荷兰的蒂尔堡大学为了解荷兰的少数语言使用情况(例如印尼语、他加禄语①、德语等),从20世纪80年代到90年代支持"社区语言"调查工作并成立了工作坊。这些调查作为"多语主义相关的欧洲研究"系列中的多种出版物[例如(Extra & Verhoeven,1993b)]出版。因此,相关著作和调查数量众多。

曼彻斯特多语主义项目(Multilingual Manchester Project)调查了曼彻斯特市的多语现象,对人们进行了采访,并观察了商店、公园、餐厅、招牌、各种活动、寺院、教堂和郊区。除了学生和教授团队,在地方政府、医院、学校、工厂和教会等工作的人员与非学术人员也参与了该项目,为城市的语言需求提出了建议。欧洲和日本为了社会服务(健康、福利、教育)而重视多语主义,但曼彻斯特的目标却远远超越单纯的"福利"。"在曼彻斯特多语主义研究项目中,我们将促进大众提升对城市区域和其他地区语言多样性的意识。并且,还要调查它是如何成为人们的语言保留节目和活动的。"②

牛津大学的创意多语项目(Creative Multilingual Project)旨在唤起人们对世界文学、命名、翻译、语言学习、表演的意识。这一系列研究课题从认知、创造到表演、写作、翻译,再到语言教育等,对语言的创造性进行了广泛的探讨。社区的多语主义是一个大的框架,需要通过各种方法来探索。学校、诗人、艺术家、学者、歌手也参与了该项目。

## 3.7　教育领域中的多语主义

教育中的多语主义是一种语言政策框架,公民可以出于任何理由教授和学习语言,也包括在校本课程中窥见的国家、地区和机构的方针。众所周知,日本

---

① 即菲律宾语。——译者注

② 参见曼彻斯特多语主义项目网站 http://mlm.humanities.manchester.ac.uk/(2019年9月2日访问)。

的学校一般用日语进行教学,但也有国际学校和各种侨民学校(用英语、汉语、朝鲜语、葡萄牙语等进行教学),在这些学校的外语学习中英语最受欢迎。此外,有的学校会教授法语、俄语、世界语,甚至有用日本手语进行教学的学校。北海道就有教授俄语的学校。北海道教育委员会指定道内6所学校为俄语教育学校。这样的方针是如何产生的呢? 是与俄罗斯推进经济、文化交流的结果吗? 是依据教育相关的前首相小渊惠三的报告(Hashimoto,2000)吗? 还是因为日本文部科学省的方针规定要在推进地区(教育特区)的推进学校(推行特别政策的学校)教授"其他"语言呢?

教育中的多语主义框架旨在考察(儿童、成人)的语言学习、国家的语言政策、国家动态教育计划的普及和实施程度。

# 4. 结论:共享的主题

为了描述国家的多语主义,笔者在以上章节中阐述了自己目前所思考的概念性框架。在全面考察国家的多语主义时,还列举了以下几个相关观点。

(1)多语现象的转变

自20世纪80年代到90年代,关于语言多样性的研究主要集中在方言和"原住民的"诸语言上,后来则将重心转向"民族"(ethnic)和"少数派"诸语言。这一过程中出现了专业术语相关问题。例如,"多数派"对"少数派","少数派"对"社群","新人种""新母语"和"旧母语"等。人口普查也关注了语言的多样性。但是,明确民族和人种依然是敏感问题。①更日常的多语主义出现了,可以说多语主义正融入日常语言实践中[例如"都市多语主义"(metrolingualism)、"超级多样性"(superdiversity)]。

(2)书写体系是多语主义的一部分吗?

语言学要区分语言和文字。但是,作为中世纪时期盖尔诸语文字而具有影响力的欧甘文字的重要性,以及日本文字的多样性(汉字、罗马字等),我们能忽视吗? 实际上,这些现象均为语言接触的结果(即多语主义)。

---

① 归根结底,何谓民族(ethnic)? 笔者是出生于英格兰的爱尔兰移民第二代,在苏格兰长大。那么,笔者是"民族的"吗? 如何定义民族身份呢? 在某些国家,人口普查中加入了与常用语言相关的提问(例如苏格兰、加拿大)。这些研究以各种方式拷问了多语主义。

（3）皮钦语和克里奥尔语

虽然皮钦语和克里奥尔语很重要，但论及国家的多语主义时几乎无人关注。

（4）对多样性看法的变化

在国家多语主义的研究中，也有不提及多样性的情况。例如，虽然描述了聋哑人的手语语言，但其仅被视为一种标准形式，其地区多样性时常被忽视。而关注地区方言和语言的多样性，是多语主义视角的核心。

（5）从被动到主动的语言身份认同转变

对语言多样性意识的变化改变了对语言身份的看法。只对单一语言的强烈认同感正在转变为更具流动性和"轻松"的民族性。换言之，语言有时既是民族性的、历史性的，又是国家的象征，有时却并非如此［具有复杂生活方式民族性"都市民族性"（metroethnicity）的理论，参见 Maher（2005）］。

# 5. 结　语

我们在描述一个国家的语言多样性时，不仅需要简单区分"原住民""少数派""其他"等概念，更需要建立稳固且成熟的概念性框架。在本文中，笔者认为已经提出了可行性框架。

# 参考文献

尾辻恵美（2016）「メトロリンガリズムとアイデンティティ：複数同時活動と場のレパートリーの視点から」『ことばと社会　特別号アイデンティティの新展開』第18号、三元社、pp.11-34.

真田信治（1996）『地域語のダイナミズム　関西篇』おうふう。

坂東省次・浅香武和編（2005）『スペインとポルトガルのことば―社会言語学的観点から』同学社。

マーハ、ジョン（1998）「社会言語学の歴史を観る」『社会言語科学』第1巻1号、pp.44-50.

マーハ、ジョン C.・八代京子編著（1991）『日本のバイリンガリズム』研究社。

マーハ、ジョン C.・本名信行編著（1994）『新しい日本観・世界観に向かって：日本における言語と文化の多様性』国際書院。

Alladina, Safder & Viv Edwards（1991）*Multilingualism in the British Isles*. London：Longman.

Backhaus, Peter (2006) *Linguistic Landscapes: A Comparative Study of Urban Multilingualism in Tokyo.* Clevedon: Multilingual Matters.

Britain, David (ed.) (2007) *Language in the British Isles.* Cambridge: Cambridge University Press.

Cerquiglini, Bernard (1999) *Les langues de France: rapport au ministre de l'éducation nationale, de la recherche et de la technologie et à la ministre de la culture et de la communication.* Paris: Ministre de la Culture et de la Communication, Govemement de la Republique francaise.

Cohen, Marcel (1952) *Pour Une Sociologie du Langage.* Paris: Seuil.

Cronin, Michael & Cormac Ó Cuilleanáin (eds.) (2003) *The Languages of Ireland.* Dublin: Four Court Press.

Dobrushina, Nina (2013) How to Study Multilingualism of the Past: Investigating Traditional Contact Situations in Daghestan. *Journal of Sociolinguistics*, 17(3): 376-393.

Edwards, John (ed.) (1998) *Languages in Canada.* Cambridge: Cambridge University Press.

Extra, Guus & Kutlay Yağmur (eds.) (2004) *Urban Multilingualism in Europe: Immigrant Minority Languages at Home and School.* Bristol: Multilingual Matters.

Extra, Guus & Ludo Verhoeven (eds.) (1993a) *The Community Languages of the Netherlands.* Leiden: Swets & Zeitlinger.

Extra, Guus & Ludo Verhoeven (1993b) *Immigrant Languages in Europe.* Clevedon: Mulitilingual Matters.

Ferguson, Charles A. & Shirley Brice Heath (eds.) (1981) *Language in the USA.* Cambridge: Cambridge University Press.

Firth, John Rupert (1937) *The Tongues of Men.* London: Watts.

Fishman, Joshua A., Robert L. Cooper & Andrew W. Conrad (eds.) (1977) *The Spread of English: The Sociology of English as an Additional Language.* Boston: Newbury House.

Hashimoto, Kayoko (2000) Implications of the Recommendation that English Become the Second Official Language in Japan. Andy Kirkpatrick (ed.) *Englishes in Asia: Communication, Identity, Power and Education.* Melbourne: Language Australia, pp.63-73.

Heinrich, Patrick, Shinsho Miyara & Michinori Shimoji (eds.) (2015) *Handbook of the Ryukyuan Languages: History, Structure, and Use.* Berlin: Mouton De Gruyter.

Hyltenstam, Kenneth (ed.) (1999) *Sveriges sju Inhemska Språk.* Lund: Studentlitteratur.

Lepschy, Anna Laura & Arturo Tosi (eds.) (2002) *Multilingualism in Italy: Past and Present.* London: Routledge.

Long, Daniel & Keisuke Imamura (2013) *The Japanese Language in Palau.* Tokyo: National Institute for Japanese Language and Linguistics.

Maher, John C. (1986) The Development of English as an International Language of Medicine. *Applied Linguistics*, 7(2): 206-218.

Maher, John C. (2005) Metroethnicity and the Principle of Cool. *International Journal of the Sociology of Language*, 175/176: 83-102.

Maher, John C. (2007) Remains of the Day: Language Orphans and the Decline of German as a Medical Lingua Franca in Japan. Florian Coulmas (ed.) *Language Regimes in Transformation: Future Prospects for German and Japanese in Science, Economy, and Politics (Contributions to the Sociology of Language 93)*. Berlin: Mouton De Gruyter.

Maher, John C. (2010) Metroethnicities and Metrolanguages. Nikolas Coupland (ed.) *The Handbook of Language and Globalization*. Oxford: Blackwell, pp.575-591.

Maher, John C. (2016) Multilingualism in the Chinese Community in Japan. Li Wei (ed.) *Multilingualism in the Chinese Diaspora Worldwide*. London: Routledge, pp.161-176.

Maher, John C. (2017) *Multilingualism*. Oxford: Oxford University Press.

Maher, John C. & Gaynor Macdonald (eds.) (1995) *Diversity in Japanese Culture and Language*. London: Kegan Paul.

Maher, John C. & Kyoko Yashiro (1995) *Multilingual Japan*. Clevedon: Multilingual Matters.

Matsumoto, Kazuko (2011) Contact Sociolinguistics of Diaspora Japanese: Linguistic Innovation and Attrition in the Western Pacific. *Language*, 17: 33-61.

Mithun, Marianne (1999) *The Languages of Native North America*. Cambridge: Cambridge University Press.

Ó Riagáin, Pádraig (2018) *Measures of Language Proficiency in Censuses and Surveys: A Comparative Analysis and Assessment*. London: Palgrave Macmillan.

Pennycook, Alastair & Otsuji Emi (2015) *Metrolingualism: Language in the City*. London: Routledge.

Polomé, Edgar C. & Clifford Hill (eds.) (1980) *Language in Tanzania*. Oxford: Oxford University Press.

Price, Granville (1984) *The Languages of Britain*. Oxford: Blackwell.

Romaine, Suzanne (ed.) (1991) *Language in Australia*. Cambridge: Cambridge University Press.

Rosenbaum, Yehudit, Elizabeth Nadel, Robert L. Cooper & Joshua A. Fishman (1977) English on Keren Kayemet Street. Joshua A. Fishman, Robert L. Cooper & Andrew W. Conrad (eds.) *The Spread of English: The Sociology of English as an Additional Language*. Boston: Newbury House, pp.179-195..

Rutten, Gijsbert, Joseph Salmons, Wim Vandenbussche & Rik Vosters (2017) Unraveling Multilingualism in Times Past: The Interplay of Language Contact, Language Use and

Language Planning. *Sociolinguistica*：*International Yearbook of European Sociolinguistics*，31：1-11.

Sanada, Shinji（1998）Characteristics of Japanese Loanword Vocabulary in Micronesian Languages.『大阪大学文学部紀要』38：63-94.

Shibatani, Masayoshi（1990）*The Languages of Japan*. Cambridge：Cambridge University Press.

Spolsky, Bernard & Elana Shohamy（eds.）（1999）*The Languages of Israel*：*Policy Ideology and Practice*. Clevedon：Multilingual Matters.

Toki，Satoshi（ed.）（1998）The Remnants of Japanese in Micronesia.『大阪大学文学部紀要』38：1-6.

Tranter, Nicolas（ed.）（2012）*The Languages of Japan and Korea*. London：Routledge.

Trudgill, Peter（ed.）（1984）*Language in the British Isles*. Cambridge：Cambridge University Press.

Turell，M. Teresa（ed.）（2000）*Multilingualism in Spain*：*Sociolinguistic and Psycholinguistic Aspects of Linguistic Minority Groups*. Clevedon：Multilingual Matters.

Vermes, Genevieve & Josian Boutet（eds.）（1987）*France，Pays Multilingue*：*Tome1—Les Langues en France，un Enjeu Historique et Social*；*Tome2—Pratiques des Langues en France*. Paris：L'Harmattan.

Weinreich, Uriel（1953）*Languages in Contact*. New York：Columbia University Press.

# "多语社会"的阐述方式①

安田敏朗

## 1. 前言："多语社会"的理解

### 1.1　多语状况已成为日常——见于2018年"歌会始之仪"

虽稍显突兀,但笔者欲从2018年日本皇宫举办的和歌会"歌会始之仪"谈起。

当年的题目为"语"。笔者从当年入选的十首作品中引用以下3首(投稿作品共有20453首)。

> 道日语零星,撑坂多町之工厂,豆蔻年华美娇娘。[长野县,盐泽信子(78岁)]
>
> 多语病历本,切切在心来试作,自问传情达意否。[神奈川县,滨口直树(38岁)]
>
> 通学越后线,铁桥之上双语绕,悠悠扬扬长回荡。[新潟县,南云翔(17岁)]

其中,第三首中的越后线列车双语广播,便是指日语和英语的双语广播。新潟大学副教授冈田祥平告诉笔者,2014年起驰骋在越后线的E129系列车辆为无人驾驶列车,车内有英语的自动广播。这并非为了应对近年来外国游客增

---

① 在撰写本文时,笔者所在的一桥大学研究生院语言社会研究科的学生们提出了宝贵的意见。但本文的文责皆在笔者,书此,以表谢意。

加而采取的措施,而是日本社会过度依赖英语的例子。

此外,从前面两首短歌中我们亦能看出作为多语社会的日本所面临的问题。例如,第一首短歌描写的便是外籍技能实习生支持地方中小企业发展的现状,而第二首则指出医疗现场使用多语处理问题等情况。当然,笔者并不清楚短歌作者的所思所想。

包括评选人在内,和歌、天皇制或者歌会始之仪的政治性等诸多因素暂且不论[关于这一点参见内野(2001,2016)等]。入选作品中,紧扣题目"语"的作品占总数的三成,可以说日本社会的多语状况已成为日常。

本文基于"日趋显性化的日本多语社会"研讨会上的讲稿及讨论撰写而成,该研讨会的宗旨如下。

> 现代以来,语言和民族的多样性开始在全球范围内被广泛讨论。即便在此背景下,普通人也几乎未意识到日本社会的多语状况。大概是1990年之后,随着移居日本的外国人激增,这一现象发生了巨大变化。同时期,以"多语"为主题的著作和学术论文几乎同步出现。

"移居日本的外国人激增"使得"普通人开始有意识地去关注多语社会",可以说本文开头的短歌也说明了这一现象。此外,本文结尾处我们将再次提及这首短歌。

## 1.2 本就存在的多语状况

此外,笔者想再次重述这一点。虽说"普通人几乎没有意识到日本社会的多语状况",但这并不代表日本不存在多语社会[参见安田(2011)等研究]。当然,这也涉及"语言"的定义。例如,我们可以将"日语"设定为由部分汇成整体的一门"语言",同时也可以将"日语"中的地域语言和阶层语言等诸多变体分别定义为"语言"。如果遵循后者,认为日语本身就存在多语状况[也可称之为"语言内语言"(寺尾,2014)],那么无论是在无多语状况的社会,或是在一语为土的社会均令人难以想象。即便并非如此,因为在这个社会中,人们除了日语,也会使用其他语言,所以就这层意义而言,并不存在无多语状况的社会。

而从历史来看,日本整体上也属于多语社会。关于"单一民族神话",小熊英二虽然曾试着推翻这一说法(小熊,1995),但其依旧未注意到日本的多语现象,以及战败后日本社会仍延续单一民族观念的现象(安田,2011)。即便现在探讨"多语社会",我们也必须基于这一点。

此外,就个人的语言情况而言,人自出生后,在成长的过程中会自觉或不自觉地接触并使用各种语言。换言之,"母语"自不待言,我们在一定程度上掌握了各种语言,诸如在学校里接触到的"标准语"和"外语"等。笔者想将此视为个人的多语状况。此外,不同的人所展现出的多语状况亦有所不同。例如,在中国台湾出生,三岁开始在日本生活的作家温又柔,以日语为主同时夹杂着普通话和台湾话的语言运用方式,便完全佐证了笔者上述观点。笔者认为其极具参考价值[参见温(2016,2019)等著作]。

## 1.3 被遗忘的多语状况

而问题在于,为何普通民众对多语状况茫然不知呢?

不只是"普通民众",在学术界,有关社会层面的多语状况研究自不必说,单就个人层面的多语状况,即有关多语使用的研究,在日本也寥寥无几。

例如,就双语主义的研究现状,朝鲜语专家生越直树在1980年曾指出:

> 二语使用(双语主义)的相关研究主要集中在欧洲和美国,在日本并不盛行。……但实际上,笔者认为在日本国内,二语使用的课题所涉及的范围非常广泛。例如,日本人的外语教育、方言使用者的标准语使用情况等问题,都与其息息相关。此外,阿伊努人、在日朝鲜人、在日华人等日本国内少数群体的语言问题,也与二语使用的课题密切相关。遗憾的是,目前二语使用的相关研究屈指可数。(生越,1980:39)

可以说,生越直树的观点在1980年时颇有道理。然而,这种观点也并非完全准确。例如,殖民统治时期朝鲜的京城帝国大学(今首尔大学)的国语学者时枝诚记(安田,1997)论述了20世纪40年代朝鲜的语言状况。为了批判地看待"双语并用"是"国语统一"的"过渡期"这一认识,针对相关言论的探讨是不可或缺的。

此外,2004年《多语社会来了》一书问世,正如书名"来了"所示,该书以此前日本无多语社会为前提。

不仅是普通人,就连学者也未意识到多语状况,这究竟是为何呢? 简而言之,是因为人们很少关注少数群体,以及缺乏对历史的认知。虽然本文无法展开探讨,但这个问题涉及人们如何看待战前社会并予以传承的问题,因此我们需要知道社会认知在一定程度上也影响了学者们的判断。

而联系本文的标题《"多语社会"的阐述方式》,无视(或忽略)这种多语状况也可视为"多语社会"的阐述方式或理解之一。如此说来,即便同处一个语言社会,对其理解也会因时而异,因人而变。既有人将其视为"多语社会",也有人不以为然;既有将社会中的多语状况视为社会问题的,也有不敢苟同的。

就这层意义而言,20世纪90年代起,人们大力提倡的"多语主义"也是多语现象的相关解释之一。更进一步说,研讨会上使用的"显性化"这一词语,也可视为"多语社会"的阐述方式之一。

本文将关注语言问题和多语状况备受瞩目的原因,同时思考当下使用"显性化"来描述"多语社会"的意义,而不讨论"多语社会"的具体内容。

## 2. 语言问题备受关注之时

### 2.1 战争与语言问题——平井昌夫的批判

促成本书问世的研讨会由日本国立国语研究所[1]主办,曾于1949年2月至1956年4月任职于国立国语研究所的平井昌夫在1938年指出,语言问题通常会在重大战争爆发之后引起社会的广泛关注(赖[2],1938:2)。平井昌夫在调离国立国语研究所前,曾任第二研究部语言效果研究室主任(国立国语研究所,1978:141)。[3]他因罗马字教育等而闻名。

归根结底,国民的形成及其转型与民族国家发动的对内、对外战争并非毫无关系[概述性的相关内容,参见加藤(2017)]。此外,国民的形成与"国语"的作用逐渐密不可分,若将其视为近代的特征,那么平井的观点颇具说服力。

当然,即使不囿于"战争",语言问题也会在重大社会变革之后备受关注。换言之,援用平井的观点加以思考,在可与"战争"相提并论的明治维新之后,日本也掀起了一股汉字废除风潮。而说回战争,不仅是日俄战争,从中日甲午战

---

① 根据1948年12月颁布实施的《国立国语研究所设立法》设立。关于这部法律的颁布过程,参见安田(2011:第7章)。

② 赖阿佐夫为平井昌夫的笔名。

③ 之后他在共立女子大学工作,然后在东京学艺大学工作直至退休,退休后在爱知淑德大学任职。关于平井的语言和符号理论,参见安田(2000:第9章)。

争前后开始,学者们提出"国语国字问题",并围绕确定"国语"(作为实现民族国家统一的原则)进行讨论。若取得"战争"胜利,民族主义便会高涨,随之而来的便是讨论确定何谓适合日本的语言。

平井认为这是二战后的情况,但自1931年"九·一八事变"起到1945年8月日本战败,战争也可视为长期的社会变迁(包括战时体制的总动员等因素)。在战争期间,为了在占领区等区域普及日语,日本人将日语简化,而为了提高战争执行效率,人们亦将陆军用语简化(限制汉字)等。日本战败后,国语审议会等制定了现代假名用法、《现用汉字表》(后来又称《常用汉字表》),"为了对国语及国民的语言生活进行科学的调查研究,并为国语的合理化奠定坚实基础"(《国立国语研究所设立法》第1条),围绕语言问题做出改变,诸如设立国立国语研究所等[参见安田(2007)等研究]

在战争期间,"简易日语"①被定位为有效动员国民建设国家的"国语"。日本战败后,有人争论说,在战争落败之际,日本应该有一种属于新生民族国家的"国语"。可以说,随着社会的变迁,"我们"是谁、何为"日本"等问题应运而生。而语言问题也成为人们竞相讨论的对象。当然,语言问题在当时的社会变化中的重要性也不尽相同,但也并非毫不相关。

## 2.2 社会变迁与语言问题——在漫长的"战后"时期

此后,日本未间接或直接参与战争,"战后"状态持续了相当长的一段时间。但毋庸置疑的是,在当前的政治形势下,这种情况会持续到何时不得而知。

话虽如此,因为现在是"战后"时期,若试着用"战争"以外的词汇来表示社会变迁,我们可联想到20世纪80年代提倡的"国际化",以及近年出现的"全球化"等词汇。如果将语言问题与之联系起来,"国际化"一词大概是在人们讨论经济大国日本在海外普及日语时出现的,而"全球化"则是人们讨论日本社会英语化时出现的(讨论并未进行下去,无疾而终)。②

20世纪90年代,日本发生了一次巨大的社会变动:泡沫经济破灭。2001年1月,小渊惠三首相委托设立的"21世纪日本的构想"恳谈会提出《日本的新天地在日本崛起:通过自治和协治建立新世纪》报告。该报告指出,日本泡沫经济

---

① "简易日语"指的是面向不擅长日语的在日外国人的简化日语,主要通过替换部分词汇、简化句子结构、给汉字标音等,以达到更有效传递信息的目的。——译者注

② 关于学校教育中不确定的英语教育"改革",参见鸟饲(2018)。

崩溃的同时,政治、社会、伦理规范等方面也随之崩塌。人们提议接纳移民,以便从中寻找"新天地",但在语言问题上提出了"英语作为第二官方语言论"。关于这一点,人们莫衷一是。①然而,由于小渊首相突然逝世,恳谈会上提及的建议便也不了了之。但是,提出将英语作为官方语言的意见可以称为英语早期教育理论的延续。

## 3. "多语"备受关注之时

### 3.1 冷战结束与民族国家论——20世纪90年代的社会变迁

在泡沫经济破灭的同一时期,从世界史的角度来看,1990年前后出现了东西冷战结束、苏联解体等重大的社会变化。当然,这些变化并未直接给日本社会带来巨大影响。与此同时,日本学术界也开始讨论民族国家的相对化问题。②

作为讨论的一环,人们开始重新审视形成民族国家所必需的元素——"国语"的含义,并将国语史延伸到殖民统治时期的语言教育和语言政策等方面,并重新加以批判和审视。代表性研究有イ(1996)等。

在这种情况下,"多语主义"这一概念也传到了日本。虽然三浦(1997)为"多语主义"相关内容的代表作,但指出"多语主义以实际案例为基础,未必适用亚洲和非洲的现状"的则是砂野(2012)。由此可知,运用批判性思维探讨相关问题需要15年之久。

正如前文所引述的研讨会宗旨所示,总之,到了20世纪90年代,在"国际化"的影响下,日本的外国人口开始增加,人们开始努力思考语言的多样性以及适应语言多样性的社会形态。下面,笔者将具体介绍若干例子。[第3.2节论述的内容与安田(2003:第2章)有部分重叠]

### 3.2 聚焦双语现象

首先是钊对"语言的多样性"的相关思考。1991年4月,国际基督教大学亚洲文化研究所主办了一次以"日本的双语主义和民族多样性走向新日本观和世

---

① 当时提出的各种论点,包括本文作者的观点(英语作为第二官方语言论),载于中公新书ラクレ编集部・鈴木(2002)。

② 在日本,法国文学家西川长雄是这些论述的发起者之一[参见西川(1992)]。

界观"为题的研讨会。其内容后来被整理成マーハ和本名（1994），内容包括阿伊努语、在日韩国人、手语、归国留学生、女性、在日朝鲜人联合会的朝鲜语教学、方言等。

其次，举行研讨会的同年，1991年11月，一本名为《日本的双语主义》（マーハ・八代，1991）的书问世了，其内容包括在日朝鲜人、归国留学生、国际婚姻家庭的双语现象、广播中的语码转换、阿伊努语的"重生"等。该书的后记里写道：

> 本书的主要目的在于揭示日本实际上是一个语言丰富的双语社会，虽然日本一直宣称自己是单语国家。这不仅体现在在日外国人的增加，也在于日本人自身存在的双语化现象。各种语言群体开展的语言活动如火如荼，人们通过彼此接触，使日本成为一块能带来创造力的土壤。因此，如果未能正确把握这些语言群体的创造力而采取错误的对策，就有可能引起混乱、排斥和疏远等情况。为了避免这些情况发生，我们认为推动双语主义的潮流，实现和谐的语言社会至关重要。（マーハ・八代，1991：211）

有一点需要注意的是，这两部著作自始至终都设想了日语与另一种"语言"所形成的双语主义。也许有人会认为，因为这是"在日本"，所以理应如此。但果真如此吗？毫无前提地以口语为中心进行思考，即若不会日语就无法在日本社会生活，我们应当将此视为一个问题。基于这种观点，就现在的日本现状而言，驻日美军等即使只会说英语，也能从容地生活。反之，在过去的日本，例如在中国、朝鲜的日本人仅靠日语便能生活，这在政治、经济、社会上意味着什么呢？

此外，正如"在日外国人增加"一词所示，这两本书的共同点是，不在于描述20世纪90年代批判性民族国家论，而是以外国人口增加为契机，讨论了在日朝鲜人、中国人和阿伊努人的语言问题。

当然，就文章的脉络而言，如此处理尚可理解。但是通过外部条件的变化，"发现"了阿伊努人和在日朝鲜人的语言生活和语言问题，这个说法似乎有些不自然。"日本人自身存在的双语化现象"是其契机之一的观点也有些令人费解。我们可以轻易指出某一时期社会各群体的语言多样性，并主张其为"语言丰富的双语社会"。然而，根据各个群体所处的历史背景来分析则更有说服力，最重要的是，如果不分析为什么我们长期处于"忽视阿伊努人"的状态（マーハ・本名,1994:3),那么只能暂时下结论,而后不了了之。而且,从"如果应对不当,有可能引起混乱、排斥、疏远等情况"和"实现和谐的语言社会"这样的表述中可以看出,我们要追求的社会应该是一个有秩序、略显拘束的社会。不管是何种社会,都或多或少充满紧张感。

这里虽然使用了"语言社会"这个词语,但并未出现"多语社会"这一术语。虽说是"集体",但研究对象似乎仅限于个人的语言使用情况。

此外,根据1990年实施的《入境管理法修订案》(出入境管理及难民认定法),三代以内日裔在日本的就业条件大幅放宽,许多日裔巴西人、秘鲁人等来日定居。①2008年雷曼危机②导致的大规模裁员等事件表明,他们被视为日本企业雇用的调节阀,但他们和家属的语言支援、继承语(继承自父母的语言)和日语教育等问题也成为焦点。然而,这在1990年初并不被视为问题。前面提到的研讨会等自然也未被提及。1990年2月,日本JICC出版局③发行了《附刊宝岛》第106号《日本成为多民族国家之日》,封面上写着:"'黄金之国日本'的繁荣已不再是日本人独有的贡献! 在职场、家庭和街头,我们能看到许多外国人的身影。直视移居日本的外国人,单一民族幻想破灭的国家即将到来!"虽然该书的视角极具先驱性,但书中有关语言问题的内容较少。当然,我们也不能忘记,作为在日韩国人和朝鲜人的民族教育问题,继承语的教育等问题此前就已存在。

# 4. "多语社会"备受关注之时

## 4.1 提倡"多语"的研究会成立

无论如何,上述研讨会的举办和成果的出版都只是昙花一现。若想继续思

---

① 梶田·丹野·樋口(2005)等指出了这种"定居"方式的问题。

② 2008年,美国第四大投资银行雷曼兄弟由于投资失利,在谈判收购失败后宣布申请破产保护,引发了全球金融海啸。美国财政部和美联储协助挽救濒临破产的贝尔斯登公司,却拒绝出手拯救雷曼兄弟的做法引发重大争议,市场信心崩溃一发不可收,股市也狂泻难止。——译者注

③ JICC出版局现名宝岛社,是一家总部位于东京都千代田区的日本出版社。1971年9月22日由莲见清一创立,当时的JICC出版局是一家以向地方自治团体提供宣传杂志和地图等转包业务为中心的股份有限公司,1993年4月更改为现名。——译者注

考这些问题,就需要成立相应的组织。

从社会语言学的日式发展①,到1998年1月社会语言科学会(会刊《社会语言科学》)的成立,均体现了以个人的多语使用为对象的双语主义的发展趋势。

与此同时,关注社会多语状况的研究会也承前启后,应运而生。如前文所述,这些研究会正是为思考"适应语言多样性的社会形态"②而产生的。1998年5月,多语社会研究会成立。基于论文《英语帝国主义论》的发表和专著《何谓多语主义》的出版,在"成立宗旨"中,研究会提出"近来,语言问题越来越受到社会的关注","就社会性语言问题,当下正是人们集思广益之时,因此我们想提供专门讨论这些问题的场所"。③

次年,即1999年6月,日本学界又成立了与其名称极其相似的多语化现象研究会。以下是该研究会的宗旨。

> 现在,我们周围出现了各种多语化现象。随着日本外国常住人口的增加,所到之处能听到外语的机会增加了。同时,随着民族媒体的出现、行政方面的多语服务建设,多语现象日趋显性化。随着语言权利意识、多语和多元文化主义的普及,与不同语言接触的日常化正在改变人们对语言的看法和价值观。
>
> 与此同时,也有人开始主张我们身边存在各种"语言",例如少数语言、方言和手语等。我们虽然与它们共生共存,但同时又往往忽视它们。A)我们不得不承认我们自身语言的多样性。现代以来,日本社会催生了国家、民族、语言等同的幻想,并默默地将其视为理想。可以说,B)日本社会通过多语化迎来了转折点。本研究会希望通过与社会接触,在此基础上综合地看待和探讨这种多语化现象,探讨今后可能进一步发展的多语化带来的问题和可能性。(研究会发起人:庄司博史)④(下画线为笔者所加)

---

① 笔者在这里特意使用了"社会语言学的日式发展"和"日式"这个词,是对不把这些事情当作社会问题,而是当作个人问题来处理的学术界的讽刺。

② 关于其他研究会、研究业绩、日本社会语言学的历史等,参见ましこ(2017)。

③ 呼吁者:原圣。参见http://tagengo-syakai.com/xoops/html/。该研究会主导的《语言与社会》于1999年创刊并连载至今。

④ 参见http://tagengoka.sakura.ne.jp/page2.htm。与之相关,出版了多言語化现象研究会(2013)等。

多语社会研究会以东京为中心,多语化现象研究会则以大阪为中心开展活动,后者以专门解决日本问题为特点,两者均以关注社会中的语言问题为契机而成立。特别是在多语化现象研究会中,虽然成员们在"研究会宗旨"中并未提到这一点,但作为研究会成立之初的成员之一,笔者想指出的是:地震也会对社会带来影响,1995年阪神淡路大地震后,日本社会的多语状况(向灾民传递多种语言的信息是必不可少的)逐渐显露,如何把握这种现象呢?对此我们具有一定的问题意识。此外,面向在2011年东日本大地震中受灾的外国人,多语信息被广泛传播,那些外国人的生活也因此备受关注,可以说这是阪神淡路大地震带给人们的启示(川村,2012;鈴木,2012)。我们也需要认识到如果没有这些变化,人们就不会意识到社会的多语性。

总之,与日本学术会议直接指定为合作学术研究团体的社会语言科学。会不同,多语社会研究会和多语化现象研究会都不是学会组织。尽管如此,两个研究会仍存续了20多年,虽然有些牵强,但也可以说,这是因为社会本来就存在多语状况,需要我们经常予以说明和解决。以下是20多年前的草案,但我们不妨对后一段进行一些研究。

## 4.2 "我们"周围的"语言多样性"

在多语化现象研究会宗旨的下画线 A)中,可以看到有关"我们自身语言的多样性"的表述。"成立宗旨"篇幅有限,最关键的一点就是要有质疑社会历史的眼光,诸如"我们"是如何形成的,形成"我们"时被排除在外的"他们"又是如何被对待的。

例如,在二战期间,大政翼赞会①提出的口号"前进! 全体燃烧的国民(一亿火种)"②,其中一亿人就包括殖民地的人口。还有战败后东久迩稔彦首相提出

---

① 简称"翼赞会",日本第二届近卫内阁为推进"新体制运动"而组建的法西斯政治组织。该组织1940年10月12日成立。下设组织、政策、规划、议会、总务局;在道府县、郡、市、区、镇、村各支部与各级行政之间设置常设联络委员会,作为基层行政机构的辅助,强化法西斯统治。大政翼赞会于日本战败前夕的1945年6月解散。——译者注
② 二战末期,日本穷途末路但拒不投降,军国主义分子更是妄图利用其所有国民作为最后的赌注,当时日本有一亿国民,军国主义遂提出"前进! 全体燃烧的国民"(「進め一億総火の玉だ」),意指一亿国民全部战死的口号。——译者注

的"一亿总忏悔"①,姑且不论团结程度如何,在被囊括其中的"我们"之中,住在日本本土的外国人毫无选择的余地。战败时,据说有超过200万外国人居住在日本本土,可以与现在"来到日本"的人数相匹敌。尽管如此,但一直没有人注意到这点。

因此,如果忽视日本社会表现得似乎不存在"多语社会"的历史行径,那么"已然来到"的多语社会也只能以日本人社会为中心,其他语言社会很快就会被边缘化。

笔者想引用1990年出版的《日本成为多民族国家之日》封面上的话语:"'黄金之国日本'的繁荣已不再是日本人独有的贡献!""定居日本的外国人照亮了这个国家不久的将来。"然而,其所谓"不久的将来",即现在的日本,已不再是"黄金之国"。难道我们都在支撑着日益衰落的日本社会吗?不,只有那些被边缘化的人们以无形的方式提供着支持。

例如,虽然留学生是构成多语社会的一大要素,但由于其被边缘化,故"假留学生"②的结构性问题被忽视。[关于"留学生"来源国的相关报道,主要有西日本新聞社(2017)、出井(2019)等]。虽然这些报道指出"假留学生"的结构性问题与日语学校的问题有关,包括日语教师的工作环境等问题,日语教育界必须正面应对,但学界究竟有无采取行动却不得而知。也有可能该结构性问题与之无关[关于这一结构性问题的背景和内容,参见井上(2019)]。此外,对于通过日本—欧盟经济伙伴关系协定(Economic Partnership Agreement, EPA)③来到这里的外国护士、候补护士们的后续工作,包括雷曼危机后日裔的生活也没有受到太多关注(布尾,2016)。

然而,正如记者出井康博所指出的,如果没有他们的劳动,主流社会的生活是无法实现的。"我们对居住在日本的外国人可以不在意,但不能漠不关心。"(出井,2016:189)关于在便利店工作的外国人,芹澤(2018)等人曾写过相关报

①　战败后不久上任的首相东久迩稔彦就普通民众的战争责任曾提出"一亿总忏悔",表示战败的原因之一就是以黑市经济为代表的"国民道德的下降",提出"一亿总忏悔是重建国家的第一步",以此混淆战争责任的是非曲直,旨在把战争责任转嫁到日本国民身上,从而掩盖执政者的战争责任,逃脱国际军事法庭的正义审判。——译者注

②　日本政府不允许外国人以"单纯劳动"为目的的入境。因而,想要来日务工的外国人便以"留学"为由,赴日工作。他们不以学习为目的,因此被称为"假留学生"。——译者注

③　2018年7月17日,时任日本首相安倍晋三与欧洲理事会主席图斯克、欧盟委员会主席容克在日本东京签署了日本—欧盟经济伙伴关系协定(EPA)。该协定计划2019年3月前通过日本国内批准程序并实施。——译者注

道,如果我们和他们当面接触,或许会有所察觉,但在许多情况下,他们的劳动是在主流社会看不到的地方进行的(有时甚至说是奴役性的也不为过)。现在虽说是"看不见",但这也包括人们不想看,或者假装看不见之意。因此,尽管主流社会可以不在意他们,但却无法忽视他们建构了主流社会的事实。

如果简单谈谈下画线 B),我们可以得出这样的认识:多语化使日本社会迎来转机。笔者想指出,我们应该重新审视日本社会需要改变这个观点,并将其作为一个重要问题来看待。

## 5. 关于"日趋显性化的日本多语社会"

### 5.1 何谓"显性化"的契机

综上所述,当发生重大社会变化时,语言问题才会引起社会的关注,"多语社会"的讨论也在这种背景下进行。但是,在讨论多语社会时,我们必须从社会本身的多语状况及其历史视角出发。促成此书问世的研讨会,虽然以"日趋显性化的日本多语社会"为主题,但值得我们思考的是,用"显性化"一词解释多语状况的意图和契机何在?

从社会变化的角度来看,外国游客的激增可能会导致旅游景点拥挤或者住宿紧张等问题。但从语言问题的角度来看,外国游客激增会造成表层的多语标识和翻译工具等问题,并非引发上述问题的重要因素。2021年举行的东京奥运会也是如此(小笠原·山本,2019;阿部,2020)。

当然,即便没有社会变化,也会形成多语社会。但是"显性化"这个表述想要强调什么呢?

在全球化的趋势下,英语化被视为理所当然之事,姑且不论其是否带来巨大影响,我们都可以将其视为社会的变化。与此同时,后文提到,与20年前相比,可以发现我们愈加难以积极地看待"多样性"。甚至不需要以那些仇恨言论为例,基于错误信息下的不宽容态度已逐渐显现。对这些问题的担忧,可能正是我们现在用"显性化"这个词来描述多语社会的契机。

### 5.2 英语化背景下的"国语"再强化

在我们愈加难以积极看待多样性之时,为拯救被淹没的"多语社会",或者避免其被边缘化,笔者欲用"显性化"一词来描述多语社会,并向读者展现这一构图。

此外,使用"显性化"一词的意图是为了抵抗对英语化的批判。

例如,有人指出,普及象征全球化的英语,展现了日本在政治和经济上从属于美国的姿态。这种说法虽然有一定的合理性,但问题在于批判时高举自由民族主义的旗帜。这只会陷入力量和力量的较量。

即便是自由主义,也必须意识到肯定国家团结的民族主义背后所涉及的问题。在论述日本现代的语言政策时,有学者阐述了日本是如何费尽心力建构现代"国语"的,并得出以下结论:与国际性英语抗衡的是全国性"国语"。然而,其研究并未涉及:在创造"国语"的过程中有许多东西被排除在外;"国语"也是一种统治手段,它曾压制不同语言。即使如今自由民族主义是一种有用的思维,但我们也不能用它的框架来解释过去的事情。

此外,人气之作《日语灭亡之时》(2008)的作者水村美苗,在一次采访中如是说道:

> 用非西方语言的日语这一"国语"进行思考,是为人类做出贡献的典范。我认为,日语是沿着得天独厚的道路走过来的"国语"。正因为如此,日语才有这样的使命。(水村,2009:42)

为何会有这种想法?总而言之,这种观念是日本"有完善的国语真好"。近年来,这种趋势越来越明显,或许早已存在。这种观点在一定程度上与根深蒂固的"历史观",即指出"明治时代真好"的司马辽太郎[①]的历史观联系在一起。尽管如此,如果是在20年前,"有完善的国语真好"的主张亦会受到批判。在研究这些主张的过程中,人们开始关注语言的多样状态,以及各种语言的状态。

20世纪90年代的民族国家论中"国语"相对化的论述被彻底遗忘,关于民族国家相对化的讨论也在时代背景之下不了了之。尽管这是对社会变化的反作用(有时甚至是逆历史潮流而动),但其与全球对移民的排斥、本国中心主义的蔓延等民族国家的壁垒不断增高不无关系。历史修正主义,与"'业余主义'

---

① 司马辽太郎,日本著名作家。1923年生于大阪,原名福田定一,自幼饱读诗书,崇尚英雄人物,因敬慕司马迁而更名"司马辽太郎",取"远不及司马迁之太郎"意。20世纪50年代中期登上文坛,著有《龙马奔走》《国盗物语》《坂上之云》等作品,曾先后获直木奖、菊池宽奖、文艺春秋读者奖等众多文学大奖,1993年荣获代表日本最高荣誉的文化勋章。——译者注

'参与型文化''政治话语的商业化(亚文化)''媒体市场的紧张对立'"等媒体文化的特性交织在一起形成。"(倉橋,2018:203)这可以证明这种思想根深蒂固,同时,由"保护日本协会"和"保护日本国民协会"合并成立,并影响了政权中枢和众多国会议员的日本会议①也象征了这一点。[关于日本会议,参见青木(2016)、山崎(2016)等]

鉴于这种情况,人们会倾向于一种以日语为中心的和谐多语社会理论,即在鼓励多语现象的同时,按照民族国家的理论进行管理。此外,2019年4月,忽视了诸多问题(或者说未讨论这些问题)的《入境管理法修订案》实施以后,预计这种情况会愈加明显。

而且,笔者不得不怀疑,"简易日语"是否正在成为这种官方制造的多语社会的轴心。"简易日语"为公共机关放弃多语信息服务提供了极好的借口,这令人担忧不已(安田,2018)。此外,在未对其内涵和效果进行探讨的情况下,"简易日语"便如同时代的关键词独步天下。"简易日语"是否为人们在日本社会中生存的有效语言变种,姑且不论其能否得到验证,或者可以说尚未得到证明。严格而言,此等争论推波助澜,掀起了一股"只需知道行政命令,或者只需知道雇主的命令便可"的风气。

## 5.3　探索理想的"多语社会"

我们可以在社会变化与关注语言问题之间的关联中加入上述讨论,但这并不意味着反复讨论。有时需要人们不断讨论,而非一时热议后不了了之,或者通过参照历史,包含20世纪90年代以来的讨论在内,来抵制目前的情况。

在此基础上,笔者想最后讨论一下本文开头的短歌。首先是"多语病历本,切切在心来试作,自问传情达意否"。据2018年1月12日NHK新闻网报道,作者滨口直树是一名护士,其在记者招待会上表示:"'歌会始之仪'结束后的恳谈会上,皇后对我说:'护理是一个让病人与护士相互依存的职业,请继续加油。'天皇则说:'请您为了大家继续努力工作。'"②在这里,短歌中的"多语"并未成为焦点。即便出自天皇和皇后之"口",也只有如上内容。但是,笔者总觉得重点

---

① 日本会议成立于1997年5月30日,是一个拥有全国草根网络的国民运动团体,也是日本国内最大的保守派团体。——译者注

② 出自神奈川新闻网文章《歌会始 县内入选者》,参见http://www3.nhk.or.jp/lnews/yokohama/20180112/1050001376.html(2018年1月30日访问)。

偏离了。该作品描写了日本的社会现状,即如果不将病历本多语化,医生就很难对患者进行精确的诊断。而诗人的所思所想却无法传达给人们,对此,笔者深感郁闷。

其次,2018年1月13日的《信浓每日新闻》网络版的文章记载道,"道日语零星,撑坂多町之工厂,豆蔻年华美娇娘"的作者盐泽女士有一个女儿在长野县外工作,据说她以母亲的视角吟诵了这首短歌。①人们会从生活视角解读这首作品,除此之外,恐怕无法从中觉察到其他问题。

在本文的开头,笔者评价这些短歌时提到,如果我们花点心思,就"能读出多语社会日本所面临的问题"。而尽管随着在日外国人的增加,多语已成为日常光景,但其所涉及的问题却超出人们的一般认知。并且,或许在歌会始之仪这种场合,人们不会从社会问题的视角对短歌进行解读。

尽管如此,笔者还是要再次强调,因为已是日常光景,所以我们更需要深入研究其背景,不能仅将其视为一种光景或现象。

此外,我们不能习惯于"通学越后线,铁桥之上双语绕,悠悠扬扬长回荡"的场景,也不能将听到英语视为理所当然。

然而,对英语化的批评不能通过赞扬国语来实现。因此,有必要用"显性化"一词来捕捉多语社会。而且,在进一步推进多语社会化的移民接纳问题上,也不能只是对症下药,诸如扩大接纳外国技能实习生的范围等,而是理应将其视为一个需要正面讨论的问题,以适应后疫情时代的社会。在这种情况下,或许有必要回想一下20年前的一句话:日本社会正因多语化而迎来转机。我们既不能英语化也不能绝对国语化,应以两者兼而有之的方式,积极地、战略性地谈论多语社会。我们已经到了习惯性地使用"显性化"这个词的阶段。

上文中,笔者指出社会变化伴随着反作用。我们必须继续意识到"不可逆转"的多语化,以免这种反作用产生不良影响。多语社会每天都在变化,并不稳定。笔者并不想描述多语社会的"丰富性"具有何种力量,最重要的是我们要意识到当下存在的多语现象,并知道如何阐述它。

就个人而言,笔者无法具体描绘理想的多语社会,只能不负责任且淡然地主张,即使日语不好,每个人也能过上幸福的生活。

然而,如何解释个人和社会层面上日新月异的多语状况,这种探索或许会

---

① 参见 http://www.shinmai.co.jp/news/nagano/20180113/KT180112FTI090012000.php(2018年1月30日访问)。

改变国家现状。我们对此抱有一丝期待。

# 参考文献

青木理(2016)『日本会議の正体』平凡社。

阿部潔(2020)『東京オリンピックの社会学:危機と祝祭の2020JAPAN』コモンズ。

イ ヨンスク(1996/2012)『「国語」という思想:近代日本の言語認識』岩波書店。

出井康博(2016)『ルポ ニッポン絶望工場』講談社。

出井康博(2019)『移民クライシス:偽装留学生、奴隷労働の最前線』角川書店。

井上徹(2019)『日本語教育の危機とその構造:「1990年体制」の枠組みの中で』一橋大学博士学位論文。

内野光子(2001)『現代短歌と天皇制』風媒社。

内野光子(2016)「タブーのない短歌の世界を:『歌会始』を通して考える」『ユリイカ』第48巻11号、pp.189-195.

小笠原博毅・山本敦久(2019)『やっぱりいらない東京オリンピック』岩波書店。

小熊英二(1995)『単一民族神話の起源:〈日本人〉の自画像の系譜』新曜社。

生越直樹(1980)「二言語使用(バイリンガリズム)に関する文献目録:日本における研究」『待兼山論叢 日本学篇』第14号、pp.39-46.

温又柔(2016)『台湾生まれ 日本語育ち』白水社(増補版、白水社、2018)。

温又柔(2019)『「国語」から旅立って』新曜社。

梶田孝道・丹野清人・樋口直人(2005)『顔の見えない定住化:日系ブラジル人と国家・市場・移民ネットワーク』名古屋大学出版会。

加藤聖文(2017)『国民国家と戦争:挫折の日本近代史』角川書店。

河原俊昭・山本忠行編(2004)『多言語社会がやってきた:世界の言語政策Q&A』くろしお出版。

川村千鶴子編著(2012)『3.11後の多文化家族:未来を拓く人びと』明石書店。

倉橋耕平(2018)『歴史修正主義とサブカルチャー:90年代保守言説のメディア文化』青弓社。

国立国語研究所(1978)『国立国語研究所三十年のあゆみ:研究業績の紹介』国立国語研究所。

砂野幸稔編(2012)『多言語主義再考:多言語状況の比較研究』三元社。

鈴木江里子編著(2012)『東日本大震災と外国人居住者たち』明石書店。

芹澤健介(2018)『コンビニ外国人』新潮社。

多言語化現象研究会編(2013)『多言語社会日本:その現状と課題』三元社。

中公新書ラクレ編集部・鈴木義里編(2002)『論争・英語が公用語になる日』中央公論新社。

寺尾智史(2014)『言語多様性の継承は可能か:欧州周縁の言語マイノリティと東アジア』彩流社。

鳥飼玖美子(2018)『英語教育の危機』筑摩書房。

西日本新聞社編(2017)『新　移民時代:外国人労働者と共に生きる社会へ』明石書店。

西川長夫(1992)『国境の越え方:比較文化論序説』筑摩書房(平凡社、2001)。

布尾勝一郎(2016)『迷走する外国人看護・介護人材の受け入れ』ひつじ書房。

マーハ、ジョンC.・本名信行編(1994)『新しい日本観・世界観に向かって:日本における言語と文化の多様性』国際書院。

マーハ、ジョンC.・八代京子編(1991)『日本のバイリンガリズム』研究社出版。

ましこ・ひでのり(2017)「日本の社会言語学はなにをしてきたのか。どこへいこうとしているのか。:『戦後日本の社会言語学』小史」、かどや・ひでのり/ましこ・ひでのり編著『行動する社会言語学:ことば／権力／差別II』三元社。

三浦信孝編(1997)『多言語主義とは何か』藤原書店。

水村美苗(2008)『日本語が亡びるとき:英語の世紀の中で』筑摩書房(ちくま文庫、2015)。

水村美苗(2009)「世界史における日本語という使命」『ユリイカ』第41巻2号、pp.32-62.

安田敏朗(1997)『植民地のなかの「国語学」:時枝誠記と京城帝国大学をめぐって』三元社。

安田敏朗(2000)『近代日本言語史再考:帝国化する「日本語」と「言語問題」』三元社。

安田敏朗(2003)『脱「日本語」への視座:近代日本言語史再考II』三元社。

安田敏朗(2006)『「国語」の近代史:帝国日本と国語学者たち』中央公論新社。

安田敏朗(2007)『国語審議会:迷走の60年』講談社。

安田敏朗(2011)『「多言語社会」という幻想:近代日本言語史再考IV』三元社。

安田敏朗(2018)『近代日本言語史再考V:ことばのとらえ方をめぐって』三元社。

安田敏朗(2020)『「国語」ってなんだろう』清水書院。

山崎雅弘(2016)『日本会議:戦前回帰への情念』集英社。

頼阿佐夫(1938)『国語・国字問題』三笠書房。

# 多文化共生和"多"语言共生时代

## ——基于都市多语主义的视角探讨社会融合模式的实况①

尾辻惠美

"我们有必要意识到,'语言'的意识形态概念常常导致社会不平
等。"(Blommaert,2009:28)

## 1. 引言:讲英语

2018年11月,在伦敦北郊沃尔瑟姆斯托(Walthamstow)的移民聚居区,人们发现了一面墙,上面写着 SPEAK ENGLISH。据称,当地居民因周围充斥着不同语言而感到焦虑,便创作了该涂鸦,以此发泄不满情绪。当地一位艺术家克里斯·沃克(Chris Walker)在看到这些涂鸦后,立即使用图像处理软件 Photoshop 在原文中加上 WE,变成 WE SPEAK ENGLISH,甚至在 ENGLISH 这个词旁边附上了当地语言 PANJABI、LITHUANIAN、URDU、POLISH、BULGARIAN、TURKISH 等(现仍在增加),甚至还添加了 COCKNEY②(参见图1),并将其发表在 Twitter 上,这在互联网上引起了相当大的反响,它促使社交网络和当地报纸写下"A piece of racist graffiti in Walthamstow inspired a creative response"(沃尔瑟姆斯托移民聚居区的一小块种族主义涂鸦激发了人们的创造欲)(East London & West Essex Guardian Series,2018年12月4日)以及"Artist transforms racist graffiti to have positive message"(艺术家将种族主义涂鸦转化

---

① 本文部分参考了2018年3月日本国立国语研究所举办的学术研讨会"日趋显性化的日本多语社会"上报告的内容和2019年5月于美国普林斯顿大学的普林斯顿日语教育论坛"旨在追求包容性语言教育:思考现代社会的多样性"上的报告内容撰写而成。

② 最初由东伦敦工人阶级使用的英语变体。

为积极的信息)(Euronews,2018年11月28日)等标题,对其进行了报道。值得注意的是,基于单一语言思维的排他性意识形态①已经被基于多样性的、更具社会包容性和积极性的话语所取代。而这一系列事件提醒我们,强制规定使用一种语言具有抹杀现有多样性的风险。

**图1 克里斯·沃克制作的图片**
(图片来源:East London & West Essex Guardian)

让我们试着在语言教育的背景下思考这个问题。自2019年4月起,随着日本政府实施扩大"外国人"劳动者的新制度,围绕多文化共生这一主题的讨论比以往更加激烈。其中,在扩大招收"外国人"劳动者的背景下,日语教育的立场及其指导方针等相关问题层出不穷。2019年6月28日,日本政府提出了应对语言共生及其多样性的方案,公布并实施了《推行日语教育的相关法律(令和元年第48号法例)》。这项法律的目的为:呼吁"建立一个尊重多元文化、充满活力的和谐社会,促进同其他国家的交流,为维护和发展友好关系做出贡献"。此外,作为实现这一目标的先决条件,"日语教育的推进有助于创造良好环境,使居住在日本的外国人能够与日本国民一起融洽地生活……"(文化厅,2019)这种多文化共生模式将日语置于人与人之间(特别是将"外国人"与"国民"捆绑在一起,形成日本人与外国人的对立),其背后映射着日语促进多元共生的构想。

众议院议员、"日语教育推进议员联盟"的会长中川正春也认为,外国劳动者一旦在日本定居,从长远来看需要掌握日语,因此应重视语言环境设施的建设(中川,2017)。这里所说的环境建设是指保障外国劳动者拥有学习日语和提

---

① 本文将意识形态视为影响人类行为的基本思维方式体系。

高日语教学水平的机会。换言之,所谓的单一语言论,即对"外国人"而言,掌握日语是在日本社会生存的必要条件,与"多文化共生""实现共生社会"等言论并行流行。总之,日本似乎存在多文化共生,但"多"语共生的意识则较为薄弱。

诚然,给予外国人日语教育的机会至关重要。掌握日语能使他们更加顺利地融入社会生活。我们绝不否认推进日语教学的重要性。但是,为了避免让这种推进方式最终演变为单一语言的语言意识形态,以出台了多文化共生的相关政策和方针,以及"简易日语"等指导方针的日本总务省、文部科学省、文化厅、厚生劳动省等政府部门为首,包括地方自治团体、公司和学校在内的机构,教师、日语学习者、普通人和具有多种背景的"日本人"及"外国人"等共同参与"日常生活及社会生活",我们需要做些什么?"社会融合"又是什么呢? 这是我们必须思考的问题。强行要求使用一种"语言"可能会导致其他"语言"消失,或者将其推向等级制度之下;此外,在政府拒绝"移民"的背后,似乎隐藏着一种极其功利主义的意识形态,即认为外国劳动者是一次性劳动力,只有懂日语的精英才能作为国际人才留在日本,因为他们有助于提高日本经济活力。

扬·布洛马特(Jan Blommaert)指出,没有共同语言就无法实现社会凝聚力的观点会衍生出另外一种想法,即多语主义阻碍了社会融合,甚至还会形成将多语社会边缘化的风气(Blommaert,2019)。本文也将批判性考察多文化共生一词背后的语言单一性和排他性思维。其中,多文化共生通常被视为能支撑国语和通用语一体化、实现经济发展的手段。

此外,日本政府通过扩大"外国人"接纳规模,倡导多文化共生和多样性。在此背景下,通过使用"外"国人的"外"这一词,使"外国人"vs"日本人"、"外语"vs"日语"被迫置于二元对立的意识形态之中。这样的划分捆绑,容易使各种实质性内容遭到无视。本文将着眼于此,挖掘"多文化共生"带来的"多语共生"的日常内涵。

此外,本文我们还指出,基于单语主义的社会融合所面临的挑战背后,是未能摆脱现代民族主义(语言—国家—民族)意识形态的影响而产生的课题,这种意识形态植根了"多"字背后的18世纪启蒙思想。最后,我们在本文中提醒人们,忽视"多"语言共生的实际情况,可能会使社会融合和社会包容这一言论片面化,成为同化主义的牺牲品,并提出基于都市多语主义(metrolingualism)的视角是探索日本走向多语化的关键。

## 2. 司空见惯的都市多语主义

### 2.1 Ordinariness of diversity(多样性日常化)

Higgins 和 Coen(2000:15)提倡 ordinariness of diversity(多样性日常化),并主张人类社会活动的前提在于多样性。在过去 10 年间,包括在英国和澳大利亚(Amin, 2012; Hall, 2012; Noble, 2009; Valentine, 2008; Wessendorf, 2014; Wise & Velayutham, 2009),越来越多的研究刻画了独具多样性的社会中人们日常生活的模样。Wise 和 Noble(2016)撰写了一篇以 conviviality(欢快)①为主题的文章。该文章被收录于 *Journal of Intercultural Studies* 的特辑中。此外,玛莎·拉迪斯(Martha Radice)、苏珊娜·韦森多夫(Susanne Wessendorf)、萨拉·尼尔(Sarah Neal)、安妮塔·哈里斯(Anita Harris)等其他研究城市多元文化性的著名学者以伦敦、悉尼和蒙特利尔等地为例,围绕 Living with differences(与差异共存)这一主题展开讨论。其中,conviviality 一词包含两面性,即有一般全球主义中常见的"快乐""有趣"和"节日"等积极一面,也有自上而下(如政府和地方政策)和自下而上的日常生活之间的纠纷,不同价值观、社会、文化和经济背景的人之间存在的歧视、谈判和妥协等消极一面。

包含两面性的同时,多样性日常化也逐渐显现出来。Wessendorf(2014)的一项研究发现,尽管在伦敦移民聚居的郊区存在明显的外观、种族和宗教差异,但这种差异在日常生活中已然微不足道、稀松平常和理所当然(commonplace)。在澳大利亚,从日常多元文化主义(everyday multiculturalism)(Wise & Velayutham, 2009)、日常全球主义(everyday cosmopolitanism)(Noble, 2009)、无恐慌多元文化主义(unpanicked multiculturalism)(Noble, 2009)等视角,人们对白澳政策②后

---

① 虽然在日语词典中有许多被翻译成"共生"(社会学)之类的词汇,但并不完全符合这里所说的两面性。尾辻(2016a)将其翻译为"和谐之处",但这种翻译也绝不能很好地捕捉复杂的两面性。

② 白澳政策(White Australia Policy)是指通过限制和禁止以亚洲人为主的有色人种移居澳大利亚,驱赶喀纳喀(Kanaks,波利尼西亚语,意为男人)劳工出境以及歧视居住在澳大利亚的亚洲人和太平洋岛屿居民等办法来建立一个纯白种人的国家,以维持欧洲人在澳大利亚社会中的绝对优势的政策。"白澳政策"带有鲜明的种族歧视和民族利己主义色彩。——译者注

的澳大利亚多元文化社会展开了研究。这些研究通过强调多元文化在日常生活中的普遍性,批判了以国家经济利益为目标的政府,其采取的自上而下的多元文化政策尚未将同化主义消灭在主流社会之中。安尼塔·哈里斯(Anita Harris)指出,对于澳大利亚年轻人而言,多元文化性是不容置疑的,比起民族或语言背景等因素,友谊的凝聚力来自共同的亚文化,如音乐和舞蹈,以及在同一郊区成长的共同经历,这比基于种族的纽带更加紧密(Harris,2018)。然而,政府却奉行多元文化主义,并以种族为基础来理解年轻人的行为和羁绊,这是与现实脱节的。

在语言研究方面亦是如此,在全球化背景下,人口流动愈加频繁,有关公共场所、市场、学校、商店、城市景观等日常生活中多语使用的研究增多,"多"语言的理解摆脱了"语言—国家—民族"一致的现代意识形态的影响。而基于对"多"语言理解而产生的后多语主义(post-multilingualism)研究已经成为主流。例如,杂语(heteroglossia)、超语理论(translingualism)、超语行为(translanguaging)、都市多语主义、多语制(polylingualism)等。而最近的一项相关研究是2019年由多语主义杂志(*Journal of Multilingualism*)出版的特辑,该特辑由森德·多维奇(Sender Dovchin)和杰瑞·黄·李(Jerry Won Lee)编写,主题为"超语言学的日常性"(ordinariness of translinguistics),上面刊登了几篇相关论文。例如,探讨了韩国城市中唐人街的语言符号学(涉及语义生成的整体资源)景观的日常性(Lee & Lou,2019),以及举例说明通过在Facebook等社交媒体上战略性运用多语资源,抵制社会上占主导地位的群体和规范性的语言使用,同时还论述了都市多语主义倡导多种语言资源运用所蕴含的"跨语言"能够培养批判性,促进社会转型(Canagarajah & Dovchin,2019)。此外,该特辑还收录了一篇研究多语主义日常性的论文,它将城市中的多语主义视为后多语主义的一部分(Pennycook & Otsuji,2019)。该论文以东京的一家孟加拉国风味店铺为例,研究了各种元素,包括手机等物品、文字和声音等各种符号(意义生成),以及政治、历史和文化的社会元素,聚焦"当下、这里"这一超越时空、错综复杂的日常活动的意义生成过程的多样性。

正如米歇尔·德·塞尔托(Michel de Certeau)所言,日常活动不是作为社会活动的基础而模糊地存在,而是理解社会和文化活动的关键(de Certeau,1984),因此了解日常的多样性是至关重要的。对此,笔者在2018年于国立国语研究所举办的"日趋显性化的日本多语社会"研讨会上,以"司空见惯的都市多语主义"为题做了学术报告,本文就这一学术报告进行拓展,并在《多文化共生和"多"语言共生时代》的标题下进一步借鉴了日本的"多样性日常化",探讨本文"引言"中所提及的社会融合。

## 2.2 日本日趋显性化的多语社会和都市多语主义

让我们以日本为例来讨论语言的多样性。从历史上看,日语在本质上一直是多语言的,但随着现代国家意识形态的普及,日语变成了单一语言(安田,2013),尽管日本原本就存在着各种各样的"语言"和各种背景的"人"。然而,多样性的"言论"被现代性的武断力量所抹杀,将"民族""语言"和"种族"混为一谈。此外,随着政府出入境管理政策的变化,自2000年前后起,日本开始以各种形式接纳外国人。如上所述,从2019年4月开始,日本政府扩大了对外国工人的接纳规模。随着外国居民、永久居民人数的增加,不同背景的人员入境,曾经被封锁的多样性和多元文化主义的"言论"再次浮出水面。

事实上,环顾四周,我们就会发现在日本无论是线上还是线下(无论是电脑还是智能手机网络),多元文化、多语化以及多语景观变得愈加清晰可见,已融入人们的日常生活。不管是便利店、餐厅的厨房,或是公共场所、私人空间均随处可见,日本的多语景观日益成为常态。

尽管人们在日常生活中接触多语的机会逐渐增加,但他们对多语的认识和理解似乎尚浅。此外,关于多语状况的研究框架大多数基于人与语言之间的关系(语言习得、多语使用者)或语言与语言之间的关系(双语主义、语码转换)等角度,而将多语社会的日常生活与多语领域联系起来的研究是有限的。在这种情况下,上述后多语主义也是都市多语主义研究的一部分。而都市多语主义被认为有助于探索词语、地点、人和物的动态性和多样性,它们错综复杂地交织在一起,相互关联,产生意义。

都市多语主义是受一篇题为《都市民族性》("Metroethnicity")(Maher,2005)的论文启发而衍生的概念,这篇论文是笔者去国际基督教大学拜访约翰·马赫(John Maher)教授时获赠的,马赫教授也是此书的作者之一(Otsuji,2019;Otsuji & Pennycook,2010)。"都市民族性"通过打破语言和民族性的固定联系以及围绕民族性对语言权利的现代理解,提出了新民族性建设的可能性。同样,都市多语主义旨在推翻对语言的理解——依赖于现代民族主义下的固定联系(一种语言意识形态,即认为语言是离散的、固定的,与国家有着紧密的联系),并着重研究语言在日常生活中的生成作用。通过使用表示地点的前缀"metro-",而非"bi-""multi-""puri-"等用数量来衡量语言的前缀,作者认为使用前缀"metro-"可以包含"bi-""multi-""puri-"仅包含的单语意识形态的含义,并且可能有助于将多语研究的视角从人转向城市和地方,因此称之为都市多语主义。

其向我们展示了一种研究语言与城市之间相互形成关系的方法,即避免使用都市语言(metrolanguage)等表示特定语言形式的词汇,而以都市多语主义(metrolingualism)来概括总结。随着全球化的进展,人、物、思想、事物等的流动变得愈加明显,城市始终处于有机生成的过程中。在此背景下,都市多语主义关注的是人、语言资源、语言以外的各种符号学资源、经济、政治、建筑、生活方式、语言活动和城市景观如何错综复杂、动态地交织在一起,形成城市。

草根式民族志的研究方法也是都市多语主义的特征之一,它摆脱了倾向于采取自上而下方法的"多语主义"研究,在各种城市环境中观察日常语言活动,如建筑工地、餐厅的厨房、市场和各种商店聚集的街角,并进行采访和记录实际对话。换言之,都市多语主义是一种远离自上而下的民族主义语言理解和政策的方法,从根本上把视角放在草根语言生活上,描述城市中日常语言活动的内部运作。在多语化日趋显性化的日本,都市多语主义并不注重个人的多语使用水平,而是从更广泛的角度动态地、全面地审视语言活动。

## 2.3 东京新宿区孟加拉国风杂货店的语言宝库

本节中,笔者想论述得更具体一些。在某栋大楼的二楼,有一家越南餐厅,从这家餐厅可以俯瞰新宿伊斯兰巷的十字路口。从窗口可以看到各种物品(商品、食材)、服装、语言(广告牌、对话等)、食物、色彩等各种不同的事物,参差错落。这也是十字路口所独有的特征。例如,此时我们可以看到这样一个画面,一个身着民族服装,看似土耳其移民的人在一家烤肉店的柜台前,手忙脚乱地从一个大肉串上刨肉。柜台前有三人正在排队等待,他们似乎均是南亚或东南亚人的后裔。一位留着胡子的老人,头戴伊斯兰教的帽子,身穿白色的服装,匆匆走过。另外两位是年轻的亚洲男子,他们反戴棒球帽,穿着运动鞋,背着背包,坐在低矮的圆椅上吃着烤肉串,边玩手机边聊天。而他们的旁边坐着一位30多岁的非洲裔男子,他戴着耳机,似乎在喝着无酒精饮料。这家烤肉店就在十字路口的拐角处,它的右边是一家巴基斯坦移民经营的食品店,店门口的大袋大米堆积如山,上面写着各种语言,包括泰语、汉语、日语和孟加拉语。再往前走,可以看到一家卖手机壳和配件的摊位。烤肉店的左边是一家由尼泊尔移民经营的餐馆和食品店,而烤肉店对面是一家"日本人"①经营的蔬菜店。

在附近的一家孟加拉国风杂货店里,有这么一段对话(对话1)。店门口有一个大招牌,上面写着"100%清真食品"和"香料专卖店"。下面还用英语、孟加拉语和缅甸语写着店名,并附有各个国家的国旗(尼泊尔、孟加拉国、斯里兰卡、印度、巴基斯坦、加纳、尼日利亚)、配料(鱼、肉、香料)以及国际电话预付费电话卡的图片。正如该标志所示,对话1发生在语言、物体和气味混杂交织的环境中。谈话开始时,一位孟加拉国店员正在招待一位非洲裔顾客,并询问同样来自孟加拉国的店主,SIM卡是否与顾客的手机型号兼容。

对话1(SM:店长,SA:店员,AF1:非洲裔顾客;PC1:巴基斯坦裔顾客;BC:孟加拉国裔顾客。)

乌尔都语:正常字体;孟加拉语:粗体;英语:斜体;日语:用日语书写。②

1. SA:**4s e baa...**(是4s吗?)[店员问店长]

2. SM:**4s e cholbo 5s e chobona.**(这款可以用于4s和5s)[店长告诉店员]

3. SA:*5s 5s plus not work*(5s和5s plus用不了)[告诉非洲裔顾客]。

4. SM:*4s is OK*(4s是可以的)[后面的另一位顾客用乌尔都语说:"bujhena?"(你听不懂他的话吗?)]

5. SA:*4s okay* これ…か これ *okay*③

6. SM:

   6.1. **chalta den**(把米给他)[店长催促店员把米交给孟加拉国裔顾客]

---

① 在本文中,"日本人""乌兹别克人"等称呼表示国家即民族,但笔者对其加了引号,说明这是一种有问题的立场。这也是我们使用"孟加拉国人"(「バングラデシュ系」)而非"孟加拉人"(「バングラデシュ人」)的原因。但由于「日系」具有特殊的含义,我们今后将使用带引号的"日本人"一词。希望读者能理解这些问题。

② 对话1中的日语基本翻译成了汉语,仅保留了第五行SA的英语中夹杂的部分日语。——译者注

③ 本句日语意为:这个吗……这个可以。——译者注

6.2. Salam alaikum vaijan(兄弟,愿你平安)oh... thik hain(哦,好的)[巴基斯坦裔顾客进门时相互问候]

6.3. Chaul(米)[用非正式的孟加拉语对店员说]

6.4. Vaijaan(兄弟). kya(什么?)aur vaijaan,kaise hain?(兄弟,你怎么样?)[对巴基斯坦裔顾客说]

7. PC1:yie bhi SIM do yaar(朋友,把 SIM 卡给我吧)

8. SM:konsa wala?(要哪个?)

这个对话展示了各种产品、语言资源和行为是如何在柜台前进行的。首先看语言资源。店员与顾客的对话混合了日语和英语(第3—5行),同时店员用孟加拉语向店长询问SIM卡的问题,之后店长又指示店员立即去取米(第1、2、6.3行),在使用"日语"①资源交谈的时候,他们也用伊斯兰教的问候语和乌尔都语接待客人(第6.2、6.4、8行)。在这些对话发生的空间里,独特的鱼干味也从店里飘来,还能听到收银机的噪声。虽然未在对话中提及,但仿佛能感受到这个空间中,孟加拉国裔顾客等待店员取米的目光。

在这里,不仅存在"*4s okay* これ…か これ *okay*"这样多种语言资源混杂的语言,同时各种事物也错综复杂地交织在一起,诸如人[职务有店员、店长、顾客(常客)、新员工,语言文化背景有非洲裔、孟加拉国裔、巴基斯坦裔的客人],行为(从柜台后面拿SIM卡,拿大米,目光看向店门),习俗(商店、文化),商品(大米、SIM卡),物质元素和环境(收银台、柜台、玻璃柜、店面装饰、冰箱),以及味道和声音(将商品放入塑料袋的声音、鱼干的味道和收银机的声音)等。

换言之,语言宝库②不单是顾客、店员或店长在各种语言和文化环境下活动产生的,作为某种资源,当下的实践、言语伙伴、行为、材料和物质环境也是语言宝库的构成要素(Pennycook & Otsuji,2014a)。此外,诸如吸引顾客带着手提箱每月购买一次的食材、新宿的社会文化历史、风土人情、在日移民的生活方式等,都集中在这段对话中。经营地中海料理店的日本厨师每周也会来这里两

---

① 具有讽刺意味的是,我们很难避免"××语"这个标签,这表明我们对语言的个性理解,对许多社会语言学家而言是一个两难的选择。方便起见,本文采用引号来表达对这一类别的质疑。

② 语言资源,包括单词、表达、语法和发音,往往被视为语言的一部分,而不是作为语言单位使用。这些(语言)资源总是被称为语言宝库,近年来已成为社会语言学和应用语言学中的主流概念单位。

次,不久前(2019年5月)我们还遇到了一位来自北非马格里布的老板,他在神乐坂经营一家法国小酒馆。根据2019年5月笔者访问该店时店长的说法,最近手持购物清单来商店的日本顾客数量激增,他们想尝试制作咖喱等美食。这种语言资源、物质资源和人际关系显著交叉的多语状况,并非一种特殊现象。多文化共生在日本越来越普遍,在各个街头巷尾都有不同程度的突出表现。

## 3. 组合符号学和两种语言意识形态的转变

### 3.1 从都市多语主义的角度看语言意识形态的两次转变

在对话1中,我们可以看出人们通过在各种语言和文化环境的行动,积累个人语言宝库。此外,各种因素,如地方习俗、与之交谈的人、行为、物品、物质环境、新宿的地方特色和历史等,均为语言宝库的构成要素。如此一来,在无限的生态环境中与外部世界相连的同时,孟加拉国风杂货店的语言宝库可以说在新宿乃至东京的"多样化日常性"构建中都发挥了作用。

换言之,从都市多语主义的角度来解释,语言的使用,甚至是"语言"本身,并不单单由个人固有的语言资源或语言宝库组成。因此,一个地方或城市的语言宝库和其多样性是对话中个人和其他参与者的语料,以及通过各种语言资源的相互碰撞、相互作用而创造的地方资源总和①(Pennycook & Otsuji,2014a,2015)。

语言宝库的设想,无关乎人,却与人的活动场所和行为举止息息相关。通过上述例子,我们也可以知道除各种语言资源外、包括历史、地缘政治层面资源等在内,所有与语义生成相关的资源,在某个特定场所中会错综复杂地交织在一起,并产生合乎该场所的行为活动和意义。Pennycook和Otsuji(2017)称之为

① 近年来,语料库资源通常被理解为个人积累的资源总和,在复语主义(plurilingualism)中,语言宝库被定义为"由多种语言或语言变体组成,这些变体由不同层次的使用者掌握,呼唤着多种类型的能力。它是主动的,并且在人类的一生中不断发展"(細川・西山,2010:26)。但在都市多语主义中,社会语言学家约翰・甘柏兹(John Gumperz)被视为第一个使用语言宝库这个词的人,他认为语言宝库不是个人语言资源的总和(Gumperz,1964:137)。根据其定义,在语言社区中使用的语言资源的总和,以及存在于相互活动而不是个人之间的"场合"中的全部可用资源称为"场所语言宝库"。

组合符号学。<sup>①</sup>其将日常语言活动从人们对语言的现代理解的束缚中解放出来（这种理解把语言视为一个固定的系统，并倾向于分开看待国家、语言和民族），并认为"语言"是一种多语言、多模式（物质元素、目光、手势等）和多感官（感觉：嗅觉、听觉、触觉等）的符号学资源，也是在日常活动中与时空元素（包括历史和地缘政治元素）一起产生的多符号学或跨符号学资源。

可以说，组合符号学从整体上而不是相对地看待这种错综复杂的局面，为多语性提供了一个新的视角。

此外，当我们以这种视角看待日常语言活动时，我们对语言的思考方式（语言意识形态）以及对多语主义的认识都会发生改变。语言作为特定场所下语言宝库的一部分，是多种资源的交织，是一种活动，并非独立存在之物。换言之，根据都市多语主义中的"语言"意识形态，"语言"不一定以独立或固定的方式存在，而是如上述组合符号学一般，是语言和非语言资源相互作用的产物。

因此，从都市多语主义的视角来看，不可避免地会产生语言意识形态的两个转变。第一次意识形态转变在后多语主义的作用下已产生（都市多语主义是其中的一部分）。而本文就社会融合进行探讨，笔者在此想基于组合符号学的视角，提出自己的看法，即第一次意识形态转变与第二次意识形态转变均无必要。

## 3.2 第一次意识形态转变：后多语主义转变

第一次意识形态的转变摆脱了人们对单语主义升级版的"多语主义"的理解。这种转变是最近后多语主义的发展变化之一，其中包括"超语行为""多语制""都市多语主义""杂语"等（García & Li，2014；Jorgensen，2008；Moller，2008；Pennycook & Otsuji，2015；Blackledge，Creese & Takhi，2014）。但其共同点是，均在摆脱基于个别和固定语言的多语主义，在语言资源和语言重构方面寻找语言使用的流动性和创造的多样性。

特别是，在语言教育中经常提及的"超语行为"（García & Li，2014：2），其被定义为"语言、双语和双语教学的方法不是把双语使用者的言语行为视为传统

---

① Deleuze 和 Guattari（1987）的《千高原》(*A Thousand Plateaus*)一书中谈到的一个核心概念，法语中的agencement（维护、布局）翻译成英语为assemblage。agencement 并不像英文单词assemblage所暗示的那样，简单地将各种不同的事物"组合"在一起，而是表达了不同种类的事物在一定条件下的组合方式，在保持某种形式稳定性的同时，具有动态变化，与基于本质性和固定性的理论相对立。它与基于本质性和固定性的理论相对立。集合理论在其他地方也有发展，包括Bennett（2010）和Thrift（2007）为代表的社会学和文化、人文地理学。

的两个独立的语言体系,而是把社会上认为属于两种语言的所有语言要素视为一个单一的语言宝库"。

换言之,我们没有使现代主义国家、民族和语言一一对应,将语言视为"英语""汉语""日语"等个别化、固定化的事物,而是基于承认多样性和流动性的语言观点,将"语言"视为一种语言资源或语言宝库,这是笔者想提出的第一次意识形态的转变。都市多语主义从"草根多语主义"(multilingualism from below)和"日常多语主义"(everyday multilingualism)的角度关注城市的多语主义,其认为"语言"既不可计数,也不是先验固定的,而是在特定场景实际发生的互动中产生的。

### 3.3 第二次意识形态转变:符号学转变

如上所述,都市多语主义关注的是场所而非人的语言宝库。或者说,从组合符号学中可以看出,它把通常理解的语言模式,如所谓的口语和书面语,从更加广泛的意义上加以理解,并将其与意思生成相关的多模态、多感官、多语言等各种符号学资源错综整合起来。这就是所谓的第二次意识形态的转变。这是指颜色、口头语言、书面语言、手势、短语、音乐等构成意义的方法所涉及的资源,以及它们的组合,都被视为语言。

例如,发生在孟加拉国风杂货店或厨房里的对话,不仅有语言,还有物质(产品、商店和餐馆的布局)、感官(颜色、味道、处理商品的声音、商店里的音乐)和身体(手势、衣服、眼神接触)等产生意义的资源,都被视为语言的一部分。事实上,这种广义的语言观对于超语行为亦如此,正如García(2019:17)所指出的:"语言也是由手势、衣服、身体本身和其他符号学标识构成的。"Li(2016)指出,人类拥有实现超语行为的本能,有利用可用性认知、感觉、符号学和各种文体(模式)资源进行语言学习和语言使用的超语行为并展示这种本能在语言教学中的作用。

Thurlow(2018:4)指出,"在一个特定的场所和空间中,意义的形成很少仅依赖语言,还通常与行为和符号学资源结合在一起。"Hawkins(2018)也从语气的角度提出,语言并非孤立存在的,重要的是要把意义生成的过程视作各种符号学资源与时空的复杂相互作用。这种对语言的理解不仅在"语言"之间,而且跨越了符号学模式的界限,可以创造各种意义,这就是语言意识形态的第二次转变。笔者认为,这种语言意识形态的转变与语言教育关系密切,同时也影响我们如何看待语言和社会的包容、融合。

例如,日本《入境管理法修订案》于2019年4月1日生效,以增加对外国公民的接受程度。而在4月7日《朝日新闻》(东京版早报)的意见栏中出现了一篇题为"全纳教育"的文章。首先映入眼帘的是文章副标题"各色各异的孩子,在一起"。这篇文章与"全纳教育"相关,其目的是让具有不同能力和背景的儿童在同一个教室里学习。对此,人们各抒己见。有些人主张在尊重人的多样性的前提下,"一起"学习;有些人则认为不必非要"一起",提供一个满足每个人需求的教育环境才是至关重要的。当笔者读完这篇文章时,不禁要问,实现"一起"的具体内容是什么,倘若只使用日语,一起行动,那么基于多数人规范的排他性意识形态,便不属于"全纳",再者,"全纳教育"能在多大程度上促进多样性呢?

笔者还在本文的引言中引用了布洛马特(Blommaert, 2019)的观点。布洛马特指出,人们认为若无共同的语言就无法实现社会凝聚力(social cohesion)。这种想法阻碍了多语主义和社会融合的发展。这可能会对潜藏在所谓的"包容""凝聚"和"融合"等思想和语言的单语主义意识形态的排他性力量敲响警钟。而这些思想和语言则建立在单语主义意识形态的基础上,并倾向于某种多数人框架内的"共同"或"共有"的单一事物。为此,有必要对社会的基本意识形态和语言意识形态进行批判性审查,摆脱单语主义和附加性多语主义,并鼓励两种语言意识形态的转变(一是后多语主义的转变,二是符号学的转变)。

# 4. 符号学的都市通用语

基于多语言和多媒介的角度,让我们批判性地深入研究和审视这样一个观点:如果没有通用语(lingua franca),就无法促进社会的凝聚和一体化。

人们经常听到"通用语"的说法,一般将其理解为属于不同群体、具有不同"第一语言"或"母语"背景的人交流时使用的共同语言。例如,如今英语在许多国际商业场合发挥着通用语的作用。在那种场合下,人们通常假设某种语言被先验地设定为通用语,而非在现场谈判中产生的语码。

然而,从孟加拉国风杂货店的对话案例中可以看出,不止一种语言被预设为通用语,各种语言资源在任何特定的时刻都动态地变化着,并错综复杂地交织在一起。例如,当笔者问店长"店里通常使用什么语言"时,店长列举了孟加拉语、乌尔都语、英语、印地语和尼泊尔语等。这时,身边的店员补充道:"也会稍微说点阿拉伯语。"孟加拉语的"阿拉伯语"一词也被算了进去。这种回答与对话1中根据场合和谈话对象使用各种语言资源的方式是一致的。隐藏在

"chotto"（ちょっと,稍微）一词中的"chotto-ness"（稍微性）(Otsuji & Pennycook,
2018）与将一种语言作为通用语言的想法不同,而与正在进行日常工作的对话
实例相重叠。

这种语言使用乍一看与Blommaert(2010:8)提出的紧急通用语(emergency
lingua franca)相似。所谓紧急通用语指的是"当地语言(local vernacular)熟练
度低的人能够使用他们所拥有的语言资源(在表达和词汇层面)在合作和协作
中达成目的"。然而,将各种语言资源汇集在一起进行对话,绝非"紧急情况",
即暂时将各种语言资源连接起来的临时情况。相反,各种语言资源不断复杂地
交织在一起,本身就可以说是这家孟加拉国风杂货店的通用语。

Pennycook和Otsuji(2014b,2015)对语言混合就是通用语的观点进行延伸
拓展,称现场发生的"混合"和"流动"的共同语言为都市通用语(metro-lingua
franca)[①],并将其定义为参与者利用现场的语言和非语言资源进行交谈的语言
形式,而不是通过"共享"一种特定"语言"进行交流的观点。换言之,该观点并
非指语言(共同语言)被参与者事先拥有,而是他们把自己的语言资源带给对
方,进行协商,并专注于他们在现场对话中出现的语言形式,这些语言形式因人
而异,因目的而不同。

尽管都市多语主义被视为参与者在现场使用语言和非语言资源进行交谈
的语言形式,但都市多语主义被提出之时,人们将重点放在了语言资源上。然
而在本文中,我们想进一步发展都市多语主义的概念,特别关注非语言资源,将
重点放在组合符号学上,这也与语言意识形态的第二次转变有关。

换言之,由于都市通用语从广义上定义语言,故其也包括了现场的符号学
资源。因此,不止孟加拉国风杂货店产品上的文字,图像、手势、颜色和味道都
可以作为符号学资源发挥作用,产生意义。即对话是通过充分利用能够当场产
生意义的资源来建立的,混合了各种语言资源,如指向、图像和物体,这就是都
市多语主义的总体情况。

通用语的解释打破了这种现代语言观,对研究多"语"社会日趋显性化的日
本社会融合问题至关重要。

---

① 这不是一种预先定义的语言,也接近于源自意大利语的lingua franca(通用语)的原
始概念。lingua franca是一种在与阿拉伯人等进行贸易谈判时形成的混合语言,且始终处于
动态变化之中。我们还想提醒大家注意,正如Canagarajah(2007)所指出的,"英语作为一种
通用语"(English as a Lingua Franca,ELS)和"通用语英语"(Lingua Franca English,LFE)之
间存在区别。

# 5. 从都市通用语的角度看社会融合

正如本文引言所述,在《日语教育推进法》中关于熟练掌握日语能使"居住在日本的外国人在日常生活和社会生活中与其他公民一起融洽生活"的说法,其背后的论述是,日本的通用语是日语,如果一个人不会说日语,就不可能过上顺畅的社会生活。

孟加拉国风杂货店的店长和店员都是通过工作自学日语的,能在一定程度上说日语,在工作中也没什么障碍。他们有日本朋友,在工作中使用日语招待乌兹别克客户,用乌尔都语、日语和英语的混合语言与巴基斯坦客户交谈,在电话中用日语向供应商下订单,接收和交付货物,并与邻居交流。他们还与隔壁日本人经营商店的工作人员聊天,借用手推车等物品。

但就他们而言,是否正是这种说日语的能力使他们能够在日本过上正常的社会生活?相反,重要的不是他们的日语能力,而是他们的多语言、多符号能力。我们还应该注意到各种符号学资源在时间和空间上交织在一起的场所和事物的承受力(导致事情发生的力量)。

此外,虽然《日语教育推进法》中写着"与国民一起",但"国民"仍然被现代国家—民族—语言的枷锁所束缚,"国民"的内涵并不明晰,法律只强调"国民"也令人不解。通过下面的采访和对话1的数据我们可知,在他们的日常生活和社会生活中,"一起"的不仅仅是"国民"。这就提出了一个问题:《日语教育推进法》是为谁推出的?是为了"国民"吗?

Blommaert(2019)曾指出:"人们认为如果没有共同语言就无法实现社会融合,这一想法阻碍了多语主义和社会融合的发展。"这句话也表明,认为社会融合指参与一个社会中多数人的语言和社会中去的观点根深蒂固。然而,笔者认为,第一次和第二次语言意识形态的转变以及随之而来的关于通用语的思维转向,是更全面地看待多语言社会、多文化共生的社会融合格局的秘诀。

当然,为"实现一个尊重不同文化的、充满活力和欢快的社会,促进与其他国家的交流并维护和发展友好关系",沟通和语言的重要性是不言而喻的。此外,为了让"外国人"在日本过上顺畅的生活,能说一些"日语"最好不过。在一些国家,如接受了大量难民的德国和以移民大国著称的澳大利亚,移民和难民的国语教育机会得到保障的同时,政府也支持他们保留自身的"第一语言"。

然而,根据迄今为止的各种讨论,不仅在日本,甚至在多语化被不断推进的澳大利亚,政府在多元文化主义的相关声明书《多元文化论》("Statement of Multiculturalism",2017)中指出:"英语是,并将继续是我们的国家语言,因此是移民融合的一个极其重要的工具。"(澳大利亚政府,内政部)如上述所示,单语主义依然存在。特别是,尽管澳大利亚把多元文化主义和多样性这两个词作为"极其重要的工具",但社会融合和包容的内涵仍然是大多数人对移民的刻板印象,这表明其中蕴含着单语主义、单文化主义思维。换言之,这种格局存在一个大家普遍认同的假设,即一旦实现融合,会形成一个对社会和经济发展有利的主流社会。除非潜藏在多数派社会中的意识形态发生变化,即无视利用各种资源进行日常生活的底层民众的经历和视角,否则就难以讨论社会融合。

著名社会语言学家迈克尔·克莱因(Michael Clyne)认为,"除非我们把目光从社会包容的经济方面转移,否则社会排斥将进一步加剧","多语言资源和跨文化交流的基层经验的价值有可能在当地社区发挥特殊的作用,但它还是被忽视了"。(Clyne,2008)此外,Blommaert,Brandehof和Nemcova(2017)还指出,传统的社会融合模式经常使用融合和社会包容这两个词,并提出完全融合(complete integration)的概念,即移民需要成为东道国社会的一部分,同时批评该模式被视为一种直线性被主流社会完全包容的想法。换言之,不可能有完全的社会包容,文章通过举例说明人们不仅在此时此地以各种方式和手段与各种人和群体联系在一起,而且还与各种人和群体跨越空间联系在一起。该论文为社会融合(包容)提供了新的视角。

例如,Blommaert,Brandehof和Nemcova(2017)提到在比利时根特市留学的喀麦隆学生们,除了面对面交流,还会根据不同的对象和情况,在手机和电脑上熟练使用 Skype、Facebook、BeeBEEP、Yahoo! Messenger、各种 VoIP 系统、WhatsApp 等软件。此外,根据他们的学习、社区、宗教、家庭、工作等情况,他们说英语、喀麦隆皮钦语、西非富尔贝语、佛兰德语等,在根特、喀麦隆和虚拟世界中过着日常生活。那么,主流在哪里?应该从谁的角度出发?

Blommaert,Brandehof和Nemcova(2017)的研究也表明,所谓的包容和融合指通过横向扩展或纵向深入网圈,来编织自己的生活。换言之,如果我们把"完整性"视作存在于多人、机构、地方、社区、时间和空间那样交融的地方,而并非像直线箭头那样一个包含另一个,那么我们就需要从更广泛的意义上理解社会融合。

笔者在2019年5月撰写本文时,简单采访了对话1中的店长和店员。店员30岁出头,来日本之前曾在意大利和沙特阿拉伯生活过,但6年前和妻子一起来到日本,其妻子是孟加拉国裔。店员每周工作6天,从上午10点到晚上12点,虽然工作时间很长,但其中也包括休息和祷告时间。每到休息时间,他喜欢在手机上欣赏印度和孟加拉国的电影和音乐,并经常观看板球比赛(有重要的板球比赛时,也会在工作时观看英语直播)。他还说,会经常与住在孟加拉国的父母和岳父母通电话。此外,因为有日本朋友、尼泊尔朋友、孟加拉国朋友和沙特阿拉伯朋友,所以在节假日他会与朋友见面,一起吃饭,去公园玩。当被问及在日本的生活时,他们回答说,也曾在其他国家生活过,但日本人更尊重人,他们表示"在日本很快乐""一切都很好""在日本没问题"。

而40岁出头的店长于2006年来到日本,现在与妻女一起生活。他的孩子在当地的一所小学上学,因此他们也有日本朋友,而他自己有时也会遇到他以前工作时结识的日本人。店长有时还会与尼泊尔、印度和巴基斯坦裔的老顾客一起外出吃饭。此外,还会在Skype和Facebook等社交软件上与各种人交往,并经常与他在孟加拉国的家人交流。他经常和家人一起旅行。因为在日本从未感受到歧视或任何其他不便,所以店长并无回孟加拉国的打算。他认为日本是一个干净、"安全"和"伟大的国家"。但也有一个问题困扰着他,那便是外出就餐时,无法选择清真食品。

他们利用商店内外的各种网络、符号学和物质资源(手机、应用程序、现场的物品)来谋生。其中,除了他们的日语能力,他们所拥有的多语言、多媒介和多模态能力也相当重要。

在国家和其他层面上讨论的"社会融合"侧重于主流社会,而主流社会被视为单一的,忽视了人们还与由语言、工作、宗教等形成的多个社区和社会相联系和融合的事实。然而,从对话1及对店员和店长的采访中我们可以看到,他们已经建立了自己的网络,拥有自己的生计基础设施,乐意使用各种资源来经营日常生活。换言之,从多数群体看待社会融合是无法解释的,事实上,移民和来自不同文化和语言背景的人都希望被包容,这是因为他们不想融入日本多数人的社会和价值观中。

基于这些事实,我们可能有必要更多地考虑日常生活中的符号学。如果我们不这样做,反而可能会加快社会排斥。由于国家政策尚未摆脱现代民族主义意识形态(语言、国家和民族的统一)的影响,而这种意识形态基于"多文化共生"一词背后的18世纪启蒙思想,认为日语能够实现"多文化共生",因此低估了"多"语言共生的现实以及基于对语言广泛理解的符号学的重要性。即使跨语言实践和跨符号学的理论不能解决种族和阶级歧视问题,但它们可以帮助我们摆脱二元对立(母语、非母语等)和"欠缺、不足"等(发音、语法的错误)的理解,将不同的符号学资源视为连续的、不断扩展的复合体(Lin,2019:12)。此外,现代著名应用语言学家苏雷什·卡纳戈瑞迦(Suresh Canagarajah)指出:"超语实践(translingual practice)中的trans-指的是transformation(转变)。"(Canagarajah,2018:32)为了不提倡排他性的社会融合,我们想要强调持有以下观点的重要性:不是日语,而是多语主义(都市多语主义)以及基于第二次语言意识形态的多语言共生使社会融合成为可能。我们也有必要质疑何谓语言多样性,以及"融合"一词的真正含义,而不是将我们的讨论建立在"多语言、多语主义"的模糊概念上。

## 6. 重新思考"语言"的意识形态

本文可以用这样一句话来总结:"我们有必要意识到'语言'这一意识形态的概念往往会在社会中制造不平等。"(Blommaert,2019:28)许多人可能认为,像本文所提及的孟加拉国风杂货店中的现象,只限于日本的某些地方。然而,尽管程度有所不同,但"多"语言和"多"文化已经成为日本日常生活的一部分,这无疑是事实。不仅在餐厅的厨房和便利店、商店,在其他各种情况下,人们遇到具有不同语言和文化背景的人在过去几年里也有所增加(週刊東洋経済,2018)。毫无疑问,多语环境在未来将愈加显性化。在这种趋势下,日本迎来了一个历史、政治、经济的转型期,这也影响了日本的语言生活和语言教育(Nakane,Otsuji & Armour,2015)。Pennycook 和 Otsuji(2015)呼吁,在过渡时期,重要的是了解这种意识形态出现的政治历史背景,而不是基于语言意识形态,如民族主义下的"语言"。或许我们也有必要对这种意识形态进行反思,然后重新审视当前的"多"语社会状况。

在这过程中,这不仅指来自各个"国家"的人聚集在一起,而且指来自这些国家的人、事和习俗以许多不同的方式交织在一起,以各种不同的方式存在和协商的过程中,创造了一个新的合作性领域(尾辻,2016a)。我对"日语的单一性"一直抱有疑问,日语在历史上一直蕴含着多语性,但在现代国家的意识形态中却被视为单一语言(安田,2013)。根据安田(2013)的论点,日语含有多样性。因此,日本有必要摆脱对"日本人"和"日语"的片面理解,并将"日语"资源视为地方、城市或国家的语言宝库。

此外,"日本人"与"外国人"的言论根深蒂固,表现在外国工人和外国技能实习生这两个词语上。将外国技能实习生作为一次性劳动力对待,也引发了各种社会问题。换言之,日本的经济复苏和提升以及保障劳动力的议程已经占了上风,但在国际化和全球人力资源的幌子下,只关注少数人的教育和培训(尾辻,2016b)。Kubota(2014:10)还指出,未来的课题是"无论种族、性别、社会经济背景等如何不同,人们都能平等地参与超越语言界限的混合型和流动型的语言活动"。Kubota(2019)还讨论了知识的合法性与建构和性别与种族偏见之间的关系。

随着日本多民族、多文化和多语言的发展,以及在上述问题的背景下,都市多语主义研究着眼于发生在自上而下和自下而上方法的日常现象的内涵。在这个过程中,它超越了"日本人""外国人"和"日语""外语"的界限,甚至通过将语言与各种资源联系起来,唤起人们对广义上的新语言意识形态和"多"语言社会的新认识。

正是多样性(丰富的符号资源)将人们联系起来,并推动着地方、城市和社会的发展。多语主义既不值得害怕,也非社会融合的阻碍,反而促进了地方、城市和社会实现融合。在这种情况下,我们是不是应该意识到,"日语"和"英语"并不像一个国家的民族语言那样将国家、城市和人民团结在一起,而是多语言(广义的语言,包括符号学)将人民和社会团结在一起。通过都市多语主义的角度明晰"多"语言共存的内涵,我们相信,我们可以为当前的社会融合做出贡献。

# 参考文献

朝日新聞(2019)「インクルーシブ教育、フォーラム」東京版朝刊4月7日付。

尾辻恵美(2016a)「生態的なことばの市民性形成とスペーシャル・レパートリー」細川英雄・尾辻恵美・マリオッティ、マルチェッラ編『市民性形成とことばの教育:母語・第二言語・外国語を超えて』くろしお出版、pp.209-230.

尾辻恵美(2016b)「レパートリー、ことばの教育と市民性形成:ことばの共生をめざす市民性教育とは」、細川英雄・尾辻恵美・マリオッティ、マルチエッラ編『市民性形成とことばの教育:母語・第二言語・外国語を超えて』くろしお出版、pp.20-41.

週刊東洋経済(2018)「第1特集:隠れ移民大国ニッポン」2月3日号。

中川正春(2017)「『日本語教育推進基本法』を考える」田尻英三編『外国人労働者受け入れと日本語教育』ひつじ書房、pp.1-18.

細川英雄・西山教行(2010)『複言語・複文化主義とは何か』くろしお出版。

文化庁(2019)『日本語教育の推進に関する法律の施行について(通知)第397号』令和元年

6月28日。http://www.bunka.go.jp/seisaku/bunka_gyosei/shokan_horei/other/suishin_houritsu/
1418260.html.（アクセス日2019年9月22日）

安田敏朗（2013）「『やさしい日本語』の批判的検討」庵功雄・イ　ヨンスク・森篤嗣編『や
さしい日本語は何を目指すか』ココ出版、pp.321-341.

Amin, Ash（2012）*Land of Stranger*. Cambridge：Polity.

Australian Government（2017）Multicultural Australia：Australia's statement of multiculturalism.
https://www.homeaffairs.gov.au/mca/Statements/english-multicultural-statement.pdf.（アクセ
ス日2019年8月25日）

Bennett, Jane（2010）*Vibrant Matter*：*A Political Ecology of Things*. Durham：Duke University Press.

Blackledge, Adrian, Angela Creese & Jaspreet Kaur Takhi（2014）Beyond Multilingualism：
Heteroglossia in Practice. Stephen May（ed.）*Multilingual Turn*：*Implications for SLA*,
*TESOL and Bilingual Education*. London：Routledge, pp.191-215.

Blommaert, Jan（2010）*The Sociolinguistics of Globalization*. Cambridge：Cambridge University Press.

Blommaert, Jan（2019）Communicating Beyond Diversity：A Bricolage of Ideas（with O.
García, G. Kress & D. Larsen-Freeman）. Ari Sherris & Elisabetta Admi（eds.）*Making
Signs*, *Translanguaging Ethnographies*：*Exploring Urban*, *Rural and Educational Spaces*.
Clevedon：Multilingual Matters, pp.9-35.

Blommaert, Jan, Jelke Brandehof & Monika Nemcova（2017）New Modes of Interaction,
New Modes of Integration：A Sociolinguistic Perspective on a Sociological Keyword.
*Tilburg Papers in Cultural Studies*, 202.

Canagarajah, Suresh（2007）Lingua Franca English, Multilingual Communities, and
Language Acquisition. *Modern Language Journal*, 91：923-939.

Canagarajah, Suresh（2018）Translingual Practice as Spatial Repertoires：Expanding the
Paradigm beyond Structuralist Orientations. *Applied Linguistics*, 39(1)：31-54.

Canagarajah, Suresh & Sender Dovchin（2019）The Everyday Politics of Translingualism as
a Resistant Practice. *International Journal of Multilingualism*, 16(2)：127-144.

Clyne, Michael（2008）A Linguist's Vision for Multicultural Australia. Eureka Street 18, no.
23. http://www.eurekastreet.com.au/article.aspx?aeid_9919.（アクセス日2019年7月28日）

de Certeau, Michel（1984）*The Practice of Everyday Life*（Steven Rendall, trans.）. Oakland：
University of California Press.

Deleuze, Giles & Felix Guattari（1987）*A Thousand Plateaus*：*Capitalism and Schizophrenia*
（Brian Massumi, trans.）. London：Continuum.

East London & West Essex Guardian（2018）A Piece of Racist Graffiti in Waltham-stow
Inspired a Creative Response. 4th December. https://www. guardian-series. co. uk/news/
17274263. a-piece-of-racist-graffiti-in-walthamstow-inspired-a-creative-response/.（アクセス

日 2019 年 9 月 22 日）

García, Ofelia（2019）Communicating Beyond Diversity：A Bricolage of Ideas（with J. Blommaert, G. Kress and D. Larsen-Freeman）. Ari Sherris & Elisabetta Admi（eds.）*Making Signs, Translanguaging Ethnographies：Exploring Urban, Rural and Educational Spaces.* Clevedon：Multilingual Matters, pp.9-35.

García, Ofelia & Li Wei（2014）*Translanguaging：Language, Bilingualism and Education.* London：Palgrave Macmillan.

Gumperz, John J.（1964）Linguistic and Social Interaction in Two Communities. *American Anthropologist*, 66(6)：137-153.

Hall, Sarah（2012）*City, Street and Citizens：The Measure of the Ordinary.* London：Routledge.

Harris, Anita（2018）Youthful Socialities in Australia's Urban Multiculture. *Urban Studies*, 55(3)：605-622.

Hawkins, Margaret（2018）Transmodalities and Transnational Encounters：Fostering Critical Cosmopolitan Relations. *Applied Linguistics*, 39(1)：55-77.

Higgins, Michael & Tanya Coen（2000）*Streets, Bedrooms and Patios：The Ordinariness of Diversity in Urban Oaxaca：Ethnographic Portraits of the Urban Poor, Transvestites, Discapacitados, and Other Popular Cultures.* Austin：University of Texas Press.

Jorgensen, Normann（2008）Polylingal Languaging around and among Children and Adolescents. *International Journal of Multilingualism*, 5(3)：161-176.

Kubota, Ryuko（2014）The Multi/Plural Turn, Postcolonial Theory, and Neoliberal Multiculturalism：Complicities and Implications for Applied Linguistics. *Applied Linguistics*, 37(4)：474-494.

Kubota, Ryuko（2019）Confronting Epistemological Racism, Decolonizing Scholarly Knowledge：Race and Gender in Applied Linguistics. *Applied Linguistics*, 41(5)：712-732.

Lee, Jerry Won & Jackie Jia Lou（2019）The Ordinary Semiotic Landscape of an Unordinary Place：Spatiotemporal Disjunctures in Incheon's Chinatown. *International Journal of Multilingualism*, 16(2)：187-203.

Li Wei（2016）Multi-competence and the Translanguaging Instinct. Vivian Cook & Li Wei（eds.）*The Cambridge Handbook of Multi-competence.* Cambridge：Cambridge University Press, pp. 533-543.

Lin, Angel（2019）Theories of Translanguaging and Transsemiotizing：Implications for Content-based Education Classrooms. *International Journal of Bilingual Education and Bilingualism*, 22(1)：5-16.

Maher, John（2005）Metroethnicity：Language, and the Principle of Cool. *International Journal of the Sociology of Language*, 11：83-102.

Moller, Janus Spindler（2008）Polylingual Performance among Turkish-Danes in Late-

Modern Copenhagen. *International Journal of Multilingualism*, 5(3): 217-236.

Nakane, Ikuko, Emi Otsuji & William Armour (2015) Languages and Identities in a Transitional Japan. Ikuko Nakane, Emi Otsuji & William Armour (eds.) *Languages and Identities in a Transitional Japan: From Internationalization to Globalization*. London: Routledge, pp.1-14.

Noble, Greg (2009) Everyday Cosmopolitanism and the Labour of Intercultural Community. Amanda Wise & Selvaraj Velayutham (eds.) *Everyday Multiculturalism*. London: Palgrave Macmillan, pp.46-65.

Otsuji, Emi (2019) Metrolingualism in Transitional Japan. Heinrich, Patrick & Yumiko Ohara (eds.) *Routledge Handbook of Japanese Sociolinguistics*. London: Routledge, pp.143-157.

Otsuji, Emi & Alastair Pennycook (2010) Metrolingualism: Fixity, Fluidity and Language in Flux. *International Journal of Multilingualism*, 7(3): 240-254.

Otsuji, Emi & Alastair Pennycook (2018) The Translingual Advantage: Metrolingual Student Repertoires. Julie Choi & Sue Ollerhead (eds.) *Plurilingualism in Teaching and Learning: Complexities across Contexts*. London: Routledge, pp.71-88.

Pennycook, Alastair & Emi Otsuji (2014a) Metrolingual Multitasking and Spatial Repertoires: 'Pizza mo Two Minutes Coming'. *Journal of Sociolinguistics*, 18(2): 161-184.

Pennycook, Alastair & Emi Otsuji (2014b) Market Lingos and Metrolingua Francas. *International Multilingual Research Journal*, 8(4): 255-270.

Pennycook, Alastair & Emi Otsuji (2015) *Metrolingualism: Language in the City*. London: Routledge.

Pennycook, Alastair & Emi Otsuji (2017) Fish, Phone Cards and Semiotic Assemblages in Two Bangladeshi Shops in Sydney and Tokyo. *Social Semiotics*, 27(4): 443-450.

Pennycook, Alastair & Emi Otsuji (2019) Mundane Metrolingaualism. *International Journal of Multilingualism*, 16(2): 175-186.

Thrift, Nigel (2007) *Non-representational Theory: Space/Politics/Affect*. London: Routledge.

Thurlow, Crispin (2018) Semiotic Creativities in and with Space: Binaries and Boundaries, Beware!. *International Journal of Multilingualism*, 16: 94-104.

Valentine, Gill (2008) Living with Difference: Reflections on Geographies of Encounter. *Progress in Human Geography*, 32(3): 323-337.

Wessendorf, Susanne (2014) *Commonplace Diversity: Social Relations in a Super-diverse Context*. London: Palgrave Macmillan.

Wise, Amanda & Greg Noble (2016) Convivialities: An Orientation. *Journal of Intercultural Studies*, 37(5): 423-431.

Wise, Amanda & Selvaraj Velayutham (eds.) (2009) *Everyday Multiculturalism*. London: Palgrave Macmillan.

# 第二部分　分　论

# 日本与英语的"关联"
## ——休闲活动、自我成长、忍耐力指标

田嶋美砂子

# 1. 引　言

"日趋显性化的日本多语社会"是贯穿本书的一个重要主题。正如"显性化"这一修饰语所示,漫步在日本的大街小巷,乘坐电车或公交车,或在餐馆吃饭时,实际上我们会听到和看到各种语言。然而,不可否认的是,在"全球化"的名义下,日本(乃至全球)存在强调英语的重要性,并支持其一极集中状况的言论。本文基于笔者实施的研究项目(Tajima,2018a),考察在日民众与英语的这种"关联"。本研究将人们对语言的思考、信念和情感视为"语言意识形态",并依据"语言意识形态论"(Kroskrity,2004;Piller,2015;Silverstein,1979),探讨英语是如何通过叙述得以构建的。收集与分析的数据如下(有关详细信息,参见下一节以及在使用每个数据时提到的内容)。

①市面上销售的英语辅导书(作者撰写的前言、后记、刊载的误用例、插图)
②对英语辅导书编辑的采访结果
③面向菲律宾的 Skype 软件英语口语广告(运营商管理网站上的文字、照片)
④英语辅导书使用者,面向菲律宾的 Skype 软件英语口语学员在线投稿的客户评论
⑤面向菲律宾的 Skype 软件英语口语教师和学员的采访结果
⑥对在以英语为公司内通用语的日本企业工作的(前)员工的采访结果

笔者分析了跨领域收集到的各种数据后发现,对调查合作者以及他们提到的人而言,通常被称为"英语学习"的行为未必旨在提高英语运用能力。本文重点关注"作为休闲活动的英语学习""为促进自我成长的英语学习""作为忍耐力指标的英语学习",探讨人们与英语的关系,而仅凭以往的"语言学习=提高目标语言的运用能力"的"语言学习观"无法说明这种关系。在本文中,我们通过此考察可知,虽然日本处于多语环境,但在外语教育政策等方面却极力强调英语的重要性。实际上这种做法反映出其构建的意识形态,因此需要批判性看待支持这种意识形态的言论。

## 2. 与英语的"关联":休闲活动

Kubota(2011a,2011b)依据 Stebbins(1997,2007)关于休闲的一系列研究,提出了"作为休闲活动的语言学习"的概念。Kubota(2011a,2011b)实地观察了日本某地方城市的英语口语教室,并尝试对这些学习者进行采访。在此过程中,通过语言学习与身份研究中经常援用的"投资"(Norton,2000;Peirce,1995)这一观点,她认识到自己的调查合作者无法充分说明他们学习英语的目的。与通过学习某种语言(如英语)来提高经济、社会和文化资本的学习者不同,Kubota(2011a,2011b)的调查合作者未必是出于实用的目的而学习英语口语(有些人是为了与英语教师或同伴交流而去上课,有些人则是因为发现了脱离日常生活、置身于英语空间的乐趣)。换言之,对他们而言,英语学习是"休闲、社交或逃避"(Kubota,2011b:258)。(Tajima,2020)

这种趋势在 Tajima(2018a)的文章中也有所体现。例如,戴维·A.塞恩(David A. Thayne)的漫画随笔《日本人奇奇怪怪的英语——塞恩老师遇到的奇怪英语》的一位读者在网上留下了这样的评论:"虽然几乎没有太多机会说英语,但我想向塞恩老师学习英语口语。"(R/2012.02.21)[①]显而易见,这位评论者虽然未感觉到迫切使用英语的必要性,但因为对英语口语感兴趣,所以购买了塞恩老师的书(顺便一提,"英语母语者"塞恩老师笑着逐一纠正学生"在学校学

---

① "R/2012.02.21"指这条评论是2012年2月21日在在线购物网站乐天市场评论区发表的。同样,下一页的"A/2013.02.09"指2013年2月9日在在线购物网站亚马逊的评论区发表的评论。

到的奇怪的教科书英语",以此为基础,为了让学生学习"地道的英语",创作了
这本漫画随笔。从"*我想向塞恩老师学习英语口语*"①的评论可以看出该评论
者至少不否定那样的教学情节。表达本人"母语者论"也是一种语言意识形态)。
此外,塞恩老师创作的另一本新书《那种英语,让母语者疯狂》的读者,以《英语令
人愉悦》为标题评论道,"60岁的老人还在练习英语口语"(A/2013.02.09)。由此
可知,这位似乎60多岁的评论者将学习英语作为兴趣爱好,并以此为乐。

居住在菲律宾的Skype软件英语口语教师也提到了这种"学习英语为乐"
的现象。在采访这些教师时,笔者询问了他们线上授课时,日本成人学员是如
何描述他们学习英语的目的的,回答如下文摘录所示。有些回答包含了
"hobby"的字眼。

【摘录1】S:桑托斯(Santos)②

S:Some of them〔=my students〕,especially the seniors,er,they
just wanted〔…〕a hobby. They just enjoy it.(我的学生中,特别是上了
年纪的人,只是想要〔……〕一个兴趣爱好。他们只是愉快地享受着英
语学习。)(2015年8月2日)

【摘录2】A:阿曼达(Amanda)

A:〔…〕older students,like 70s,80s,it's just their hobby.(〔……〕
对于70多岁、80多岁的年纪比较大的学员而言,这只是他们的兴趣。)
(2015年8月15日)

除了在线购物网站上的客户评论之外,桑托斯和阿曼达的此类言论表明,
"作为休闲活动的语言学习"(Kubota,2011a,2011b)的现象不仅适用于英语口
语教室里的学习者,也适用于英语辅导书的使用者和在Skype软件学习英语口

---

① 正文中再次使用调查合作者的叙述时,使用了加粗的斜体字体。此外,这篇漫画随
笔中关于"本土性"(nativeness)的讨论,参见Tajima(2018b)。
② 由于学术道德的关系,这里使用了化名。此后出现的调查合作者及团体也是如此。
此外,笔者在采访住在菲律宾的英语教师时使用了英语,如果将这些数据翻译成日语,很有
可能无法准确传达出他们想表达的真正含义和语感。为了尽量避免这种可能,在提及他们
的叙述时,笔者会同时使用英语和日语(由笔者翻译)。摘录的最后还记录了采访的实施
日期。

语的部分学员。那么,这类人群为何会选择将语言学习作为休闲活动?只是在追求语言学习的乐趣吗?他们又是为何选择英语的呢?下一节,为进一步探究这些问题,笔者将讲述森本先生和新田先生的故事。在此基础上,笔者还将深入考察以下观点:努力学习英语的日本人中,有些人对于自身学习,比起"喜悦和乐趣"(Kubota,2011a:475),更追求"自我成长"。

## 3. 与英语的"关联":自我成长

森本先生是一位拥有20多年经验的编辑。作为一名参与出版塞恩老师英语辅导书的编辑,他意识到,日本的英语学习者未必致力于"掌握"英语这门语言。"周围有许多因为兴趣爱好而学习英语的主妇。"(2015年6月3日)英语相关图书的销量更多是受到单纯想要享受阅读乐趣的读者群体的支持。笔者采访了持这种观点的森本先生,询问他如何看待日本人将英语学习作为兴趣爱好一事。其回答如下:

【摘录3】M:森本先生
M:还是因为(人们)有上进心。[……]如果不做点什么,会觉得不舒服[……]哪怕每天只是进步一点点,还是想真切地体会自我成长。[……]虽然只是读书,没有什么锻炼英语口语的机会,但还是有很多人想要继续学习英语。对那些人来说,我觉得学习英语同时也是一种自我启发。(2015年6月3日)

上述摘录中显而易见的是"*上进心*""*自我成长*""*自我启发*"等语句。由此可推测,日本的学习者中,即使"*只是读书,没有什么锻炼英语口语的机会*",换言之,虽然实用性不强,但也有人希望通过接触和学习英语,"成为更好的人"。有趣的是,本文接下来要介绍的新田先生的回答也与此相似。

新田先生曾是丸福公司的经理,该公司将英语作为公司内通用语。他曾使用过塞恩先生的英语辅导书,采访时,他正准备开始学习面向菲律宾的Skype英语口语课程。采访中,新田先生自嘲地向我们吐露自己此前在英语学习上投入了巨额费用。关于日本英语学习的现状和今后的前途,新田与笔者的对话摘录如下:

【摘录4】N:新田先生/T:笔者

N:[书……]就是维生素。[……]不只是英语,学习这件事应该不会过时吧。学习本身能让人觉得心里踏实。[……]正在学习、想要进步这种行为就能让人踏实。

T:这是作为社会人自我成长的一个要素吗?

N:我们不是被灌输了必须成长的观念吗?[……]成长是件好事。

(2015年5月26日)

和森本先生一样,新田先生在描述人们学习英语(或学习本身)的动机时,也使用了"*想要进步*""*必须成长*"等表述。当然,这段摘录的最后,新田先生使用了"*成长*"这一表达,这可能是因为笔者抛出了"这是作为社会人自我成长的一个要素吗?"的问题。但是,新田先生并未否定笔者的解释,而是追加了自己的见解:"*我们不是被灌输了必须成长的观念吗?*[……]*成长是件好事*"。总结森本先生和新田先生的叙述,虽然英语辅导书的出版方(森本先生)和消费方(新田先生)在语言教育产业中处于对立关系,但针对日本英语学习倾向,他们的见解却大同小异。

森本先生和新田先生所说的"为促进自我成长的英语学习",其目的并非严格意义上的"习得",这一点和"作为休闲活动的英语学习"一脉相承。但是,若从其他方面分析也有不同点。最大的一个区别是,"为促进自我成长的英语学习"中,书籍至关重要,学习者未必需要同伴("*虽然只是读书,没有什么锻炼英语口语的机会,但还是有很多人想要继续学习英语*")。这些人重视的不是通过英语口语与同伴交流,或者从因此而建立的人际关系中获得满足感(Kubota,2011a),而是抱着"人必须不断进步"这种半强迫症般的想法,勤于自学自习(借用新田先生的话,学习本身与"*心里踏实*"有关,与学习相伴的图书,对追求健康的人而言,其作用就像是"*维生素*")。换言之,森本先生和新田先生在各自采访中所说的英语学习,可谓是追求"精神世界的安宁"(Prilleltensky & Prilleltensky,2006:153)。在这一点上,"为促进自我成长的英语学习"与主要为了获得喜悦和乐趣而进行的"作为休闲活动的英语学习"并非完全一致,笔者认为有必要追加"旨在全面发展的自我启发式英语学习"这一新视角。

从与"旨在全面发展的自我启发式英语学习"的关联出发,在此,笔者想就编辑森本先生的立足点展开论述。森本先生的学业和职业经历中有意思的是,尽管他从事英语辅导书的编辑工作,但他自己既非英语教育专家,也非英语学

习者/使用者。采访中,当被问及自己是出于自我意愿,还是因为人事变动,才开始涉足英语辅导书的出版时,他做出了以下回应:

【摘录5】M:森本先生

M:不,编辑的话,还是想做畅销书。这才是最重要的。如果英语学习者买书的话,[……]哎呀,说得俗气点,那就收入可观了。(2015年6月3日)

从这一回答可知,在日本出版业,英语辅导书是获利较高的业务之一。森本先生出于编辑"*想做畅销书*"的想法,开始从事英语相关图书的出版业务。换言之,森本先生参与英语辅导书编辑的背后,是对"销售额"这一业绩的期待。反过来说,他并非执着于英语教育本身。事实上,森本先生也参与过英语辅导书以外的编辑工作,从他受访时递过来的名片也能窥见这一点。那张名片的背面记录了森本最近经手的"畅销"图书与塞恩老师的英语辅导书。有趣的是,这些图书的名称中有"交感神经""不屈服的心""处世能力""死前准备"等词。

这些书名所暗示的是,作为一名编辑森本先生的兴趣在于被称为"自我启发"或"自立自强"的题材。乍一看,塞恩老师的英语辅导书似乎不符合该题材,但从"旨在全面发展的自我启发式英语学习"的视角来看,我们就可以理解了。"为促进自我成长的英语学习"是可以与调整交感神经、塑造强韧精神、成功闯荡世间、规划幸福地结束一生相媲美的行为。换言之,无论主题是交感神经、不屈服的心、处世能力、死前准备,还是英语,森本先生所出版的图书都是以"自我启发"或"自立自强"之名,意在为读者身心健康的生活和高质量的人生提供帮助。森本先生擅长编辑自我启发的图书,自认为既非英语教育专家也非英语学习者和使用者。那么,他参与出版的"畅销"的英语辅导书,是否意味着在日民众与英语的特殊"关联"?

如上所述,本节基于"旨在全面发展的自我启发式英语学习"的新视角探究了"为促进自我成长的英语学习"。但是,笔者欲确认的是,无论学习英语是为愉悦或享受,还是作为以全面成长为目标的自我启发的一部分,人们选择学习英语与社会政治、文化政治绝非毫无关联。这是因为正如Kubota(2011a)主张的,表面上似乎是学习者们自己选择了英语学习,但这其实与英语在日本乃至世界的霸权地位及其象征形象密切相关。以下摘录的是一位28岁的家庭主妇在网上发表的关于 Skype 软件英语口语的评论①,她的叙述很好地说明了这一点。

【摘录6】

现在我已经怀孕5个月了,经常居家,为了有效利用在家的空闲时间,我开始了居家就能进行的线上英语口语学习。[……]也因为2020年的奥运会将在日本举办,所以教肚子里的孩子英语成了我的目标和梦想。(2014年3月4日)

由该摘录可知,该评论者把英语口语当成了对于孕妇而言一种安全的消遣方式。特别是线上英语口语学习不需要亲自前往教室,只要能连上互联网,任何地方都能成为学习空间(Terhune,2016)。这对"*经常居家*"的评论者而言极为重要。但是,从"*有效利用在家的空闲时间*"的表达我们可以看出,评论者不仅追求安全性,还要求是既能消遣又有意义的活动。那对这位女性而言,英语口语在哪些方面具有深远意义呢?答案就在她评论的后半部分("*也因为2020年的奥运会将在日本举办,所以教肚子里的孩子英语成了我的目标和梦想*")。换言之,这位女性期望通过在线英语课程,在孕期提高自己的英语水平,并将其传承给即将出生的孩子(即使只是寒暄问候等简单的交流),使孩子能够在奥运会期间展露出这种英语能力。

这种期待基于我们耳熟能详的英语相关言论,即"在商务、学业、贸易、社交、旅游领域,现在,英语是真正的国际语言"(Cogo,2012:97)和"英语一般是促进全球交流的默认语言"(Terauchi & Araki,2016:180)等。这些言论广为流传的社会中,在"外国人一般说英语的错误前提"(久保田,2014:63)下,想象与来日本观看奥运会的海外游客用英语交谈的画面,并非不可思议之事。此外,这名评论者的孩子在奥运会举办期间应该年纪尚小,而她想在此时教孩子英语的愿望,可能基于早期英语教育的谬误,即学英语"越早越好"(Phillipson,1992)。

综上所述,无论是作为休闲活动,还是为了促进自我成长,英语学习都不可

---

① 这条评论是从对商品和服务等进行口碑评价的网站"口碑排行榜"的在线英语对话篇中收集的。这个网站和亚马逊、乐天市场不同,是评论者填写的个人信息(职业、年龄、性别等)和评论一起显示的系统。此外,没有关于发表评论时间的记载。因此,在使用这个网站上的评论时,要加上收集数据的年月日。

能脱离社会政治、文化政治存在于真空状态中。此外,从众多语言中选择英语是极其个人化的行为,但所有这种选择不仅反映了英语的传播,也促进了英语的传播(Kubota,2011a)。再者,围绕英语、英语教育、英语学习的各种语言意识形态也更加牢固。例如,"英语作为全球通用语言"的言论和"早期英语教育"的幻想等。上述分析表明,在进行语言、语言教育和语言学习相关的批判性研究时,社会、政治和经济等宏观视角也不容忽视。①

宏观视角的研究中,还包括从现代社会典型趋势的角度来验证语言、语言教育和语言学习(Block,Gray & Holborow,2012;Flubacher & Del Percio,2017;Park,2016)。Park(2016)批判性考察了人们必须努力的现状,即为了在充满竞争和个人责任的时代生存下去,需要将自己的技术和能力可视化("自我品牌化"),以及努力掌握新技术与能力("永无止境的自我成长")。他认为其中最有效的品牌之一就是语言(英语)能力,作为自我成长重要的一环,人们最热衷的行为之一也是语言(英语)学习(这让笔者想起森本先生和新田先生的叙述)。此外,据Park(2016)的分析,在韩国,类似情况下的英语学习以及通过学习获得的英语能力,未必是为了实用英语,而是为了显示与国内竞争对手之间的差异,或是一种控制自己,让他人看到自己刻苦学习的一种手段(Tajima,2020)。

Park(2016)的这种分析适用于Tajima(2018a)中的调查合作者,特别是企业员工。因此,在下一节,我们将使用对丸福公司(前)员工的采访结果,探讨公司内部通用语英语化政策在该公司中的作用,以及员工与英语学习的关系。通过这一探讨,进一步讨论相比提高英语运用能力,他们的学习重点更在于获得TOEIC②的规定分数,而这个分数可以表明自身忍耐力的指标(Tajima,2020)。

# 4. 与英语的"关联":忍耐力指标

近年来,有多家日本企业将英语作为公司内部通用语,即使没有宣布英语为通用语,也在会议中积极使用英语(Murata,2016)。例如,有些企业在海外有据点,而把日语商务文书翻译成英语的时间和劳力则是巨大的损失(ダイヤモ

---

① 尽管如此,正如Pennycook(2001)所主张的,至关重要的是不要陷入"所有因素都在于社会、政治、经济"的结构批判的决定论式思维模式。

② TOEIC 的英文全称为Test of English for International Communication,中文译为国际交流英语考试,是针对在国际工作环境中使用英语交流的人群而制定的英语能力测评考试,由美国教育考试服务中心设计主办。——译者注

ンド社,2014)。此外,不管是否掌握日语,从世界各地招募精英的录用方针,也是支撑英语作为公司内部通用语政策强有力的理由之一(ダイヤモンド社,2014)。

因此,约10年前,丸福的CEO便决定将公司内部通用语英语化,以此成为国际战略的重要一环。这使得丸福公司备受瞩目。前丸福经理新田先生曾与公司高层共事过,他表示,CEO的基本决策围绕提高公司的全球商业竞争力,因此英语能力不可或缺。鉴于此,丸福公司在宣布引入公司内部通用语英语化政策之后,进一步推进了从世界各地招募人才的工作,而对在职员工则下达了在公司内部使用英语和提高英语能力的最高命令。

丸福公司的另一个前员工和田先生表示,这个语言政策的缺陷在于(公司内部使用的语言)只能是英语,完全不允许说日语(2016年5月24日)。正如他所言,该政策刚实施时更为严格。然而,和田先生辞职后,试着向以前的同事询问情况,才发现随着时间的流逝,这种严格程度有所缓和,从政策开始实行时只能使用英语到逐渐开始使用日语。关于这一点,接受Tajima(2018a)调研的其他丸福员工也有所提及。以下是就丸福公司语言使用这一话题对臼井先生的采访。

【摘录7】T:笔者/U:臼井先生

T:[……]你在工作中使用的语言是日语吗?

U:是日语。好吧,我觉得隐瞒[事实]也毫无意义。[……]

T:[……]这在企业的语言政策下是可以的吗?

U:大概因为官方说的是英语,所以不行,但实际上说的是日语(笑)。[……](2014年12月16日)

值得注意的是,尽管自上而下制定的语言政策与实际的语言使用之间存在差距,但丸福公司非常鼓励员工学习英语,升职和加薪也与TOEIC的分数密切相关。关于这一点,李女士[①]给出了如下说明。

---

① 李女士在韩国出生长大,8岁时举家移民到美国,在那里接受了大学教育,后被丸福作为"外籍"员工雇用,因此在这次采访的几个月前来到了日本。她高中开始学习日语,在大学也将日语作为辅修专业继续修读。采访时使用的语言由她自己选择,但大部分都是日语。

【摘录8】L:李女士/T:笔者

L:现在公司要求的TOEIC合格分数是800分,如果没考到800分,就会被扣10%的工资。

T:真的有没考到800分的人吗?

L:有很多。[……]

T:[……][没考到这个分数的人]回家后大概还要学习吧。

L:是的,大家每天去自助餐厅学1个小时左右的英语。

T:这样啊。有在公司学习的吗?[……]公司9点左右开始工作?

L:是的。

T:那他们8点左右开始学习英语?

L:工作期间也可以学习的。

T:这样可以吗? 在工作时学习?

L:可以的。没考到800分的人太多了(笑)。

T:即使在工作期间也可以这样?(2015年5月25日)

由此可知,丸福公司要求全体员工TOEIC成绩必须达到800分以上,若达不到这个分数,就会扣减其10%的工资(这对于不擅长英语的人而言并非易事。从李女士的谈话内容可知,实际上被扣减工资的员工"*有很多*"。)此外,从她的叙述中可知,未达到800分的人还被上司命令在"*工作期间*"学习英语。有趣的是,这一现象背后的原因与其说是为了提高员工的英语能力,不如说是与上司的管理能力、部门的可信度等方面紧密相连。

据李女士介绍,丸福的全体员工有义务参加每周一次的晨间集会。丸福是一家大企业,业务内容繁多,因此关于CEO最新的商业计划以及其他部门进行中项目的详细情况,主要通过这个集会知悉。此外,作为信息共享的一环,每月一次会以公司内部通用语英语化政策的有效性为议题,并以排行榜的形式公布TOEIC成绩超过800分的员工比例。据悉,最近达到该目标的职员还将用英语演讲传授取得800分的秘诀。李女士认为,由于她所在的部门经常处于这个排行榜的末端,为了提高排名,上司们极力要求未合格者在工作时间也学习英语。

这个看似本末倒置的方法,暗示TOEIC成绩低并非个人问题,而是整个部门的集体责任。这导致未达到800分的员工包括工作时间在内,几乎时时刻刻都必须考虑学习英语。但是,对员工而言,这种学习已不是为了提高英语运用能力,而是作为社会人履行义务的一环,即拿回原本可以得到的收入,不给所在部门添麻烦。相反,对于上层的人而言,他们的管理能力和统领部门的可信度则是通过部下的英语成绩来衡量。但是,无论哪种情况,由于以往的"语言使用观""语言学习观""语言能力观"无法说明学习目的,因此使用语言测试(此处指TOEIC),这在特殊性上可谓是共通的(Tajima,2020)。

最后,为进一步探究丸福公司TOEIC政策现状,笔者欲解读和田先生的访谈。如前所述,丸福公司宣布引入公司内部通用语英语化政策前后,和田先生还是这家企业的员工。笔者尝试采访他是因为他在某英语圈①的研究生院获得了MBA学位。和田先生表示,自己挑战留学与丸福公司的语言政策不无关系。回顾当时的情形,和田先生首先坦言:"我有一种危机感,如果今后不会英语,那么作为一名商务人士可能会有点糟糕。"(2016年5月24日)此外,他在丸福工作时,TOEIC分数只有200分左右,所以当英语被制定为公司的通用语后,他就产生了强烈的自卑感:"如果是日语环境,我坚信自己能胜任工作,但身处全球化的环境中,感觉自己好像变成了一个无能之人。"(2016年5月24日)因此,和田先生决定离开丸福公司而去留学。他周围的人都反对这个决定,但他坚持如此。他先在英语圈的语言学校学习了2年左右,之后又花了2年在该国的研究生院攻读了MBA学位。

采访中,从和田先生的"从完全不会英语到获得MBA学位"(2016年5月24日)这句话可以看出,他对此感到自豪和满足。关于英语学习本身,他也通过自身的经验认为"英语只要学就能学好"(2016年5月24日),能不能学好英语不是能力问题,而是信心问题。此外,就丸福公司重视TOEIC成绩的情况,笔者询问了他的看法,他给出了以下见解。

【摘录9】W:和田先生

W:丸福想留下忍耐力强的员工。[……]总之,只要好好准备[TOEIC],谁都能考出[好成绩],哪怕没有英语能力。所以,我也意识到,公司只是在考验员工能不能做到的能力,以及员工的忍耐力。[……]明明是谁都能合格的考试,却有人觉得"这是什么啊,我已经厌倦了",或者觉得自己无法做到坚持不懈。这样的人被认为在今后的职场中也不会成长,但又无法对其直言,因此,[TOEIC的]实际目的就在于此[……]。(2016年5月24日)

---

① 作为协助调查的条件,不能透露详细情况,因此没有记录国名。

以上摘录的首个特征是"*坚持不懈*"或"*成长*"等措辞,森本先生和新田先生的谈话,以及在Park(2016)的讨论中的"旨在全面发展的自我启发式英语学习"也有所提及。第二个特征是,丸福公司重视TOEIC成绩不是因为英语能力,而是为了"*留下忍耐力强的员工[……的]实际目的*"。但若考虑到丸福公司内部通用语英语化政策和TOEIC是如何发挥作用的,上述分析并非毫无道理。此外,Kubota(2011b)在日本语言学教育产业中聚焦考试行业,提出了语言实用主义最新问题。在此研究中,Kubota(2011b)介绍了某企业将TOEIC作为检测员工"努力"程度的便利手段的事例。在此基础上,Kubota(2011b)引用了Hirtt(2009)的观点,主张劳动者应适应不断变化的雇佣体系并保持工作能力。换言之,作为一名优秀的社会人,要自我控制(Park,2016)、不懈努力(Kubota,2011b)、保持忍耐力(Tajima,2018a,2020)地从事工作。在我们生活的现代社会中,这种素质可以通过象征着人力资本的英语能力(TOEIC分数)来衡量。

# 5. 结　语

如上所述,本文分析了多领域收集的数据,同时还考察了在日民众与英语的"关联"。乍一看通常被视为"英语学习"的行为中,人与英语之间的多面复杂的关系也难以用以往的"语言学习观"来把握。因此,本文在引入"学习"这一用语的同时,还新引入了"关联"的概念,在提及与英语相关的言论的同时,尝试阐明其多面性和复杂性。

若思及英语在全球的传播情况,在具有不同语言、文化、民族背景的人群中,英语正在作为全球通用语言发挥作用。例如,公司内部通用语英语化政策,可谓是将这一观点和最近的经济动向,以及希望提高公司国际竞争力的企业想法交织在一起所做出的决定。但是,鉴于本文介绍的企业(丸福公司)的情况,笔者认为英语的重要性和必要性,是由于公司内部通用语政策本身,以及因人们反复谈论而构建起来的"话语产物"。Foucault(1980)提出,"真理休制"的理论框架中,问题不在于是否真理,而在于如何通过人们的话语实践产生"真理效应"。由此可知,由于公司内部通用语英语化政策,丸福公司反复提及英语的重要性和必要性,通过此触发了"真理效应"(Pennycook,2007)。因此,英语的重要性和必要性很快就镌刻在员工的心里。这导致他们精力充沛、坚持不懈地努力进行以备考TOEIC为代表的"英语学习"。

　　若理解了这种意识形态建构的性质,在遇到外语教育政策等过分强调英语的重要性和必要性时,就应当先停下来思考这种话语究竟从何而来。虽然应该避免把所有事情都当作"话语产物",但反复提及的英语的重要性和必要性可能是"神话",这一批判性观点应该有助于我们从不同的角度看待日本目前的外语教育政策。

　　同时,也有许多问题需要从事英语教育的人去探究。例如,不是传统的"学习"观,而是以"关联"的概念为基础来审视英语时,英语教师会向学生传达怎样的信息,与学生如何讨论与英语相关的话语,英语教师自身与英语以外的语言、英语圈以外的文化如何关联,以及如何与学生共享这些信息。在重视语言意识形态构建的批判性观点的同时,将与自我反省相通的问题放在脑海中进行实践,这在今后的英语教育中至关重要。因为尽管教师的这种态度在日本日益突显,但它鼓励学习者关注经常被人们忽视的语言、文化和民族的多样性,进而有助于探索人们在尊重多样性的多语言和多文化社会中和谐共生的道路。

# 参考文献

久保田竜子(2014)「オリンピックと英語教育—反グローバル的改革」『週刊金曜日』2014年1月17日975号、株式会社金曜日、p.63.

ダイヤモンド社(2014)『週刊ダイヤモンド』2014年1月11日号。

Block, David, John Gray & Marnie Holborow (2012) *Neoliberalism and Applied Linguistics*. London: Routledge.

Cogo, Alessia (2012) English as a Lingua Franca: Concepts, Use, and Implications. *ELT Journal*, 66: 97-105.

Flubacher, Mi-Cha & Alfonso Del Percio (eds.) (2017) *Language, Education and Neo-liberalism: Critical Studies in Sociolinguistics*. Clevedon: Multilingual Matters.

Foucault, Michel (1980) *Power/Knowledge: Selected Interviews and other Writings, 1972–1977* (Colin Gordon, trans.). New York: Pantheon Books.

Hirtt, Nico (2009) Markets and Education in the Era of Globalized Capitalism. Dave Hill & Ravi Kumar (eds.) *Global Neoliberalism and Education and Its Consequences*. London: Routledge, pp.208-226.

Kroskrity, Paul V. (2004) Language Ideologies. Alessandro Duranti (ed.) *A Companion to Linguistic Anthropology*. Oxford: Blackwell, pp.496-517.

Kubota, Ryuko (2011a) Learning a Foreign Language as Leisure and Consumption:

Enjoyment, Desire, and the Business of Eikaiwa. *International Journal of Bilingual Education and Bilingualism*, 14: 473-488.

Kubota, Ryuko (2011b) Questioning Linguistic Instrumentalism: English, Neoliberalism, and Language Tests in Japan. *Linguistics and Education*, 22: 248-260.

Murata, Kumiko (2016) Introduction: Researching ELF in Academic and Business Contexts. Kumiko Murata (ed.) *Exploring ELF in Japanese Academic and Business Contexts: Conceptualization, Research and Pedagogic Implications*. London: Routledge, pp.1-13.

Norton, Bonny (2000) *Identity and Language Learning: Gender, Ethnicity and Educational Change*. London: Longman.

Park, Joseph Sung-Yul (2016) Language as Pure Potential. *Journal of Multilingual and Multicultural Development*, 37: 453-466.

Peirce, Bonny Norton (1995) Social Identity, Investment, and Language Learning. *TESOL Quarterly*, 29: 9-31.

Pennycook, Alastair (2001) *Critical Applied Linguistics: A Critical Introduction*. Mahwah: Lawrence Erlbaum.

Pennycook, Alastair (2007) The Myth of English as an International Language. Sinfree Makoni & Alastair Pennycook (eds.) *Disinventing and Reconstituting Languages*. Clevedon: Multilingual Matters, pp.90-115.

Phillipson, Robert (1992) *Linguistic Imperialism*. Oxford: Oxford University Press.

Piller, Ingrid (2015) Language Ideologies. Karen Tracy, Cornelia Ilie & Todd Sandel(eds.) *The International Encyclopedia of Language and Social Interaction*, *Volume 2*. Oxford: Wiley-Blackwell, pp.917-927.

Prilleltensky, Isaac & Ora Prilleltensky (2006) *Promoting Well-Being: Linking Personal, Organizational, and Community Change*. London: John Wiley & Sons, Inc.

Silverstein, Michael (1979) Language Structure and Linguistic Ideology. Paul R. Clyne, William F. Hanks & Carol L. Hofbauer (eds.) *The Elements: A Parasession on Linguistic Units and Levels*. Chicago: Chicago Linguistic Society, pp.193-247.

Stebbins, Robert A. (1997) Casual Leisure: A Conceptual Statement. *Leisure Studies*, 16: 17-25.

Stebbins, Robert A. (2007) *Serious Leisure: A Perspective for Our Time*. Piscataway: Transaction Publishers.

Tajima, Misako (2018a) *Engagements with English in Japan: Ideological Constitutions of the Language and Its Speakers* (unpublished doctoral dissertation). Sydney: The University of Technology Sydney.

Tajima, Misako (2018b) 'Weird English from an American?': Folk Engagements with

Language Ideologies Surrounding a Self-Help English Language Learning Comic Book Published in Japan. *Asian Englishes*, 20: 65-80.

Tajima, Misako (2020) Engagement with English as a Neoliberal Endeavor: Reconsidering the Notion of Language Learning. *Critical Inquiry in Language Studies*, 17: 296-315.

Terauchi, Hajime & Araki Tamao (2016) English Language Skills that Companies Need: Responses from a Large-Scale Survey. Murata Kumiko (ed.) *Exploring ELF in Japanese Academic and Business Contexts: Conceptualization, Research and Pedagogic Implications.* London: Routledge, pp.180-193.

Terhune, Noel M. (2016) Language Learning Going Global: Linking Teachers and Learners via Commercial Skype-Based CMC. *Computer Assisted Language Learning*, 29: 1071-1089.

# 关于多语化日本人的考察

## ——基于在日巴基斯坦人社区中日本家庭成员的数据分析①

福永由佳

## 1. 引言：无法可视化的日本多语状况和当事者日本人

世界上约有7100种语言②，但联合国成员国只有193个，不到语种数的一成。这意味着许多国家和地区多种语言混杂在一起，语言均质化社会本身就难以实现。长期以来，日本理所当然地被视作单语国家，但其对社会的多语状况也保持高度关注。

《关于推进多文化共生的研究会报告书——促进地区的多文化共生》(総務省，2006)被视为地方政府在外国人援助政策中向多文化共生路线转变的一个转折点。该报告书建议根据地方政府的情况，以适当的语言提供有关行政和生活等方面的信息，从中可看出日本社会已是一个需要日语以外语言的多语社会。推进外国人日语教育的日语教育学会的报告也指出："在日本生活的大部分外国人，无论日语能力高低，日常生活中都使用包括日语在内的两种或多种语言。"(日本語教育学会，2009:23)此外，日本还出版了许多关于多语者和多语状况的普通图书和漫画(例如，河野・山本，2004；ラズロ，2011；多言語化現象研究会，2013；平高・木村，2017；星野，2018)。这让许多日本人感受到日本社会是一个多语社会。

---

① 本文是"多语环境下外国人的日语观和语言选择研究——以在日巴基斯坦人为中心"[JSPS科研项目(编号:26370522)，项目负责人:福永由佳]的阶段性研究成果。

② 数据来源于全球语言数据库Ethnologue，参见http://www.ethnologue.com/(2019年8月19日访问)。

但是,正如安田(2011)所述,这种多语状况被视为来日外国人口激增而导致的外部现象。由于来自国外,因此与单语国家的日本以及生活在此的日本人并无直接关系。日本政府最近积极推行的多语表达和多语服务等是针对外国游客和外国居民的,而大规模的社会调查,如全国人口普查和"日本综合社会调查"①等仍未设置语言项目,这导致人们无法直观了解日本社会的语言状况。根据本书总论第2篇文章提出的观点,即人口普查是衡量一个国家多语接受程度的最重要指标,由于日本的人口普查缺少语言项目,这证实了日本对多语状况接受度低,从中还可强烈感受到其多语状况仍未得到重视。

此外,正如本书分论第1篇文章所述,日本的多语与英语密切相关。日本文部科学省的政策构想和经济界的要求都在于提高日本人的英语能力,可以说"多语即英语"。然而,实际的多语状况绝非仅限于英语。

在日外国人口的剧增也导致日本人和外国人接触的机会增多,因此难以想象日本人的语言使用会毫无变化。特别是,无论是大城市还是地方城市都有与移居日本的外国人结婚后形成的日本家庭。这些外国人社区的日本家庭成员在日常生活中有更多机会接触日语之外的语言。由于社区不同,也有可能使用英语以外的其他语言。为探讨日本人的多语状况,本文着眼于在日巴基斯坦人社区的日本家庭成员,考察他们使用多语的动态。

## 2. 在日巴基斯坦人社区中的日本家庭成员

在日本生活的巴基斯坦人约有13000人②,与占多数的日裔巴西人和韩国人相比,巴基斯坦人社区的人口规模非常小。巴基斯坦人移居日本始于20世纪80年代后期至90年代初期的泡沫经济时期,当时两国签订了互免签证协议。因此,巴基斯坦等3个南亚国家的许多二三十岁的单身男性来到日本务工,但1989年互免签证协议中止后,来自南亚的人口急剧减少。

而且,随着日本入境管理政策的更改,和日本人结婚的巴基斯坦人也增加了。正如福田(2012a)所指出的,与日本人通婚的巴基斯坦人的增加,与被纳入

①　"日本综合社会调查"是由大阪商业大学实施的综合性社会调查,除回答者的属性外,还设置了生活与习惯、社会意识、政治意识等问题。参见 http://jgss.daishodai.ac.jp/index. html(2019年8月19日访问)。

②　数据出自2016年末的在日外国人统计。

巴基斯坦人社区的日本家庭成员（日本配偶及其子女）的增加相互关联。通过与日本女性结婚，巴基斯坦男性获得稳定的居留资格，可以自由开展商业活动，创造商业环境。据称，巴基斯坦人被视为新移民中个体经营最成功的族群，这要归功于他们强烈的创业欲望和跨国亲友网络的活用（福田，2012b）。此外，基于从成功的自主创业中获得的资源，特别是在二手车贸易业务中获得的资源，他们在日本各地打下了伊斯兰教的宗教基础（樱井，2003）。

日本的巴基斯坦人社区积极自由地开展商业和宗教活动，其日本配偶则积极参与相关活动，并提供语言和人力资源。换言之，以日本配偶为中心的日本家庭成员与东道国社会保持着良好的关系，支持其社会活动，这对在日巴基斯坦人社区起到了重要作用。

# 3. 数据和方法

本文调查在日巴基斯坦人及其家人的语言使用情况。我们主要采用通过问卷调查收集的数据，同时也会使用后续访谈来解释数据分析结果。此问卷调查于2016年至2017年期间在日本关东地区等地实施，内容涉及母语、语言能力、母语以外掌握的语言、语言继承、家庭和职场等不同领域和不同场合的语言使用、语言学习、身份认同等方面。

由于预算、时间和人力资源等方面的限制，问卷调查多以抽样调查的形式实施。抽样调查的目的在于通过随机抽样法，从无偏差的样本中收集数据。后述"为了生活的日语全国调查"[①]（金田，2010）（以下简称"生活日语调查"）进行的日本人调查中，通过分层二阶随机抽样抽取5000人，并收集数据。但是，由于样本提取台账的代表——居民基本台账无法查阅外国人的国籍信息（例如外籍人士）[②]，难以使用随机抽样法。因此，我们寻求巴基斯坦人社区成员的协助，采用滚雪球抽样法实施了问卷调查，力求避免调查合作者的随意性和性别导致

---

① "生活日语调查"是2008年实施的全国性语言使用调查。针对日本人的问卷包括以下部分：①居住地、性别、年龄、母语、语言能力等的基本信息部分。②关于7种场景下27项语言行为的调查：(A)频率；(B)是否和外国人交流过；(C)在(B)中是否使用日语。③如何与使用日语的外国人交流的部分。有效问卷数为1176。

② 总务省"外国居民的居民基本台帐制度过渡等相关说明会分发资料2（外国居民的居民基本台帐系统的维修问题）"，参见 http://www.soumu.go.jp/main_content/000085019.pdf（2019年5月31日访问）。

的偏差。

本文的问卷调查询问了调查合作者的自我反省,回答反映了调查合作者的语言资源、语言能力、语言使用等相关意识。此外,问卷调查使用了以"××语"为标签区分的语言单位,为了减轻调查合作者的负担,还事先限定了调查对象的语种。因此,我们事先声明,设定语种以外的语言均非问卷调查的调查对象,也无法确认在实际对话中是如何使用的。

调查结果显示,总回答数为133人,其中有效回答数为127人。有效回答分为3组:①巴基斯坦组[1](91名:男性59名,女性32名,以下简称"巴基斯坦人")、②日本组(34名:女性34名,以下简称"日本家庭成员")、③日巴(日本与巴基斯坦)以外组(2名:女性2名)。本文采用了第②组日本家庭成员的数据进行分析。这些日本家庭成员大部分都是已婚人士,丈夫是巴基斯坦人,而且大多数成员是穆斯林。

## 4. 语言资源

首先,让我们从除母语(日语)[2]之外掌握的其他语言来确认日本家庭成员语言库(linguistic repertoires)的语言资源。问卷中有一提问(Q2)询问他们日常生活中能正常沟通的非母语语言(以下简称"非母语语言"),受访者回答最多会5种语言。

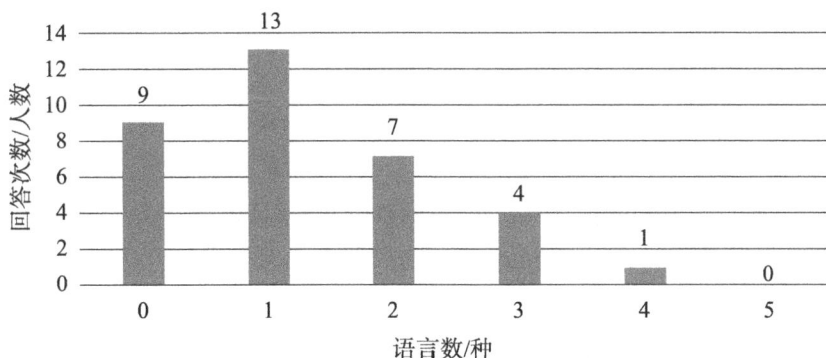

图1　能使用的非母语语言数

---

① 国籍是根据问卷调查中受访者对于出生地和民族项目的回答判断的。

② 日本家庭成员对于母语的提问,全部选择了日语。

　　除母语以外,日本家庭成员掌握的平均语言数为1.3种。此外,从图1可以看出,有些人自我评价语言数为0,即只会母语的单语者,其比例为26.5%,因此可知掌握母语和其他语言的潜在多语能力者为73.5%。

　　其次,为了与上述问卷调查相比较,我们在全国范围内对外国人和普通日本人进行了语言调查,即"生活日语调查"(金田,2010)。此调查数据显示,73.6%的日本人回答称自己是单语者。

　　通过比较上述两种调查结果可知,巴基斯坦人社区的日本家庭成员的单语率极低,大约是普通日本人的三分之一,而多语者的比例则是普通日本人的近三倍。

　　那么,自我评价能说多语的日本家庭成员回答他们能说哪些语言呢?问题4中,调查者被要求在21个选项(20种语言及其他语言)中选择5个。表1总结了她们除母语之外掌握的语种。

表1　母语之外掌握的语言(可多选)

| 语种 | 回答次数 | 占比/% |
|---|---|---|
| 乌尔都语 | 18 | 52.9 |
| 英语 | 18 | 52.9 |
| 旁遮普语 | 2 | 5.9 |
| 普什图语 | 2 | 5.9 |
| 克什米尔语 | 1 | 2.9 |
| 波斯语 | 1 | 2.9 |
| 其他 | 1 | 2.9 |

　　上述问卷中,日本家庭成员选择了表1所示的7种语言选项,其中排在前两位的是乌尔都语和英语。与此相对,"生活日语调查"中,英语占比最高,为25.7%,遥遥领先于第二名。这表明,虽然普通日本人和巴基斯坦人社区的日本家庭成员都使用英语,但日本家庭成员的语言库中乌尔都语是主要的语言资源。

　　乌尔都语从属丁印欧语系印度语族,使用人口约为170208780人。①在多语言多民族的巴基斯坦,乌尔都语是连接多民族的"连接语言"(link language)(萬宮,2004:86)。在巴基斯坦不同语言圈的移居者聚居的大城市,乌尔都语是

---

　　① Ethnologue "Urdu",参见 https://www.ethnologue.com/language/urd(2019 年 8 月 26 日访问)。

生活中不可或缺的语言(片冈,1982)。日本的巴基斯坦人社区中,母语不同的人也会使用"连接语言"乌尔都语。此外,巴基斯坦宪法赋予乌尔都语"国语"(national language)的特殊地位,为了普及乌尔都语,公立学校将其作为"国语"进行教学。因此,即使在巴基斯坦不同的语言圈,也能学习并掌握乌尔都语。乌尔都语在巴基斯坦的卓越地位在日本家庭成员的语言库中也有所反映。

## 5. 语言能力

本节我们将探讨调查对象的语言能力。基于初步调查中的观察、访谈、文献调查和问卷调查,调查语种仅限于日本家庭成员在日常生活中使用的4种语言:日语、乌尔都语、阿拉伯语和英语。问题4要求受访者对这4种语言的"听说读写"4项技能在以下选项中各选择一项:"非常好(5分)""很好(4分)""好(3分)""不太好(2分)"和"非常不好(1分)"。图2表示其语言能力[4项技能5个等级评定的合计得分(最小值4,最大值20)]。

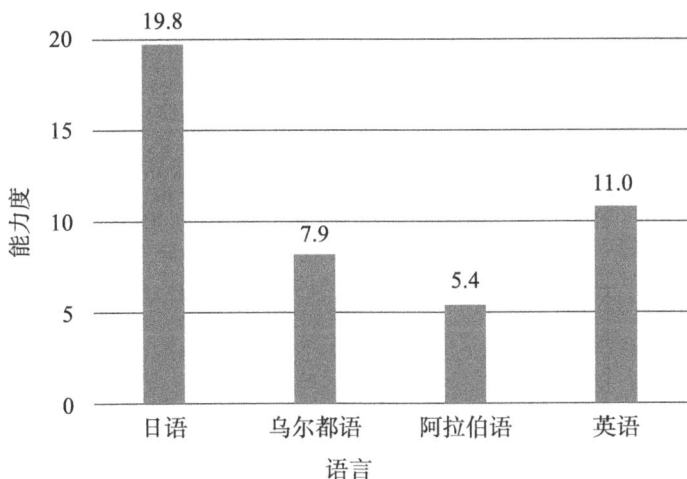

图2　语言能力(语种类别)

图2显示,母语为日语的数值最高,接近最大值20。然后依次是英语、乌尔都语、阿拉伯语。阿拉伯语是穆斯林的重要宗教语言,通过婚姻加入伊斯兰教的日本女性在参加宗教活动时也被要求使用阿拉伯语。但是,她们对自己阿拉伯语能力的评价却低于同样因结婚才正式使用的乌尔都语。

我们比较第4节"语言资源"中提及的乌尔都语和英语这两种除母语外掌

握人数前2名的语种,可以发现其英语能力明显高于乌尔都语能力。

接下来,我们按照"说、听、写、读"这4项技能来分析这4种语言能力(图3)。

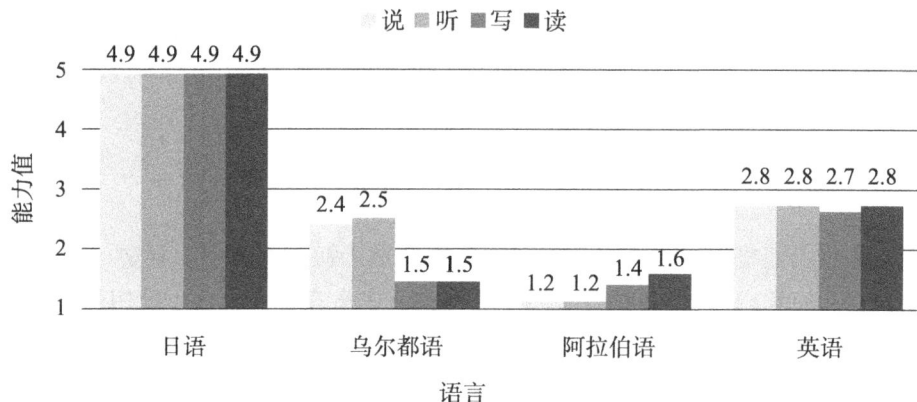

图3 语言能力(4项技能)

通过图3,我们可一目了然,有些语言在4项技能之间存在显著差异,但有些则大同小异。我们使用非参数检验①的Kruskal-Wallis检验(α=0.05)来探究4项技能之间是否存在统计学上的显著差异,若发现有显著差异,为找出差异所在,则通过同样是非参数检验的Mann-Whitney U检验(Holm-Bonferroni显著性水平调整法)进行多重检验。②分析结果显示,乌尔都语的4项技能之间存在统计学上的差异,但日语、阿拉伯语和英语的则没有。

关于乌尔都语4项技能之间的差异,具体而言是乌尔都语的口语能力(听说)和书面能力(读写)之间存在显著差异,具体为:说听>写读。

乌尔都语4项技能之间产生差异的主要原因有几种可能性。其一,日本人学习乌尔都语有难度。众所周知,关于语言习得的难易度,培养外交官等的美国国务院机关——外交学院整理了英语使用者的语言习得难易度排行榜。③此排行榜中,语言根据难度分为4类,乌尔都语被列入"第Ⅲ类困难语言——与英语有显著语言或文化差异的语言"。关于日语使用者掌握语言的难易度,井上(2000)将各种语言分为4类,乌尔都语被归为最难掌握的一类。

---

① 适应非参数检验法的理由是,使用数据(能力度)是5个等级的排名。

② 统计检验使用了统计包的R version 3.5.0。

③ 引自United States Department of State "FSI's Experience with Language Learning",参见https://www.state.gov/foreign-language-training/(2020年5月31日访问)。

乌尔都语的4项技能中,拼读和书写阿拉伯语系的乌尔都文字对日本人而言尤为困难。在与问卷调查同时进行的后续访谈1中,一位女性谈到了她是如何使用APP来解决这种困难的。她说自己的乌尔都语口语能力非常好,甚至能进行乌尔都语口译,但乌尔都语的文字对日本人,包括她自己而言都很难,她需要借助APP来解决读写问题。

【后续采访1】
"我不擅长读写乌尔都语。……乌尔都文字一般是从右往左书写。但日语是从左往右写,所以日本人写不好乌尔都文字。
……我不是不会写,但还是觉得它的每一个字都很难写。稍微写错,意思就完全不一样了。……没办法,所以我都是先输入日语,然后用APP转换成乌尔都语。"

其二可能与是否有机会系统学习乌尔都语相关。对大多数日本人而言,英语是初高中的必修课。因此,在学校教育中,由专门从事英语教育的教师指导学生听说读写,以使学生能均衡掌握这4项技能。

相比之下,日本的乌尔都语教育机构(大学、私立语言学校等)非常少。因此,大多数日本家庭成员都是通过与精通乌尔都语的巴基斯坦家庭成员或亲戚等的日常口语交流学习乌尔都语。而像英语一样系统学习读写乌尔都语的机会非常有限,这导致他们对读写能力的自我评价低于口语能力。

然而,日本家庭成员学习乌尔都语的机会并不限于日本。工藤(2008)描述了一种趋势,即巴基斯坦丈夫把他们的日本妻儿送到巴基斯坦老家,让其孩子在当地上学。后续采访2是一位日本家庭成员讲述其带着孩子留在巴基斯坦的故事。

【后续采访2】
"我的丈夫是巴基斯坦人,我能用乌尔都语和他以及亲戚交流。(口头)可以交流,但我觉得我不擅长'读'和'写'。在日常生活中,我也不太读写乌尔都语。"

让妻儿移居巴基斯坦是为了让孩子接受巴基斯坦的学校教育,孩子们能在当地接受乌尔都语和英语教育,并熟练掌握这两种语言。但是,日本母亲的职责只是陪伴孩子,在学校等教育机构上学的机会似乎微乎其微。后续采访2中的日本家庭成员亦是如此。后续采访中，她说自己读写乌尔都语的机会很少，更无学习文字的机会，所以读写能力不强。但是采访结束后，她对笔者带来的一本日本出版的乌尔都语教科书表现出浓厚的兴趣，她拿着教科书翻阅了片刻。据她说，附近的日本家庭成员曾设立过乌尔都语教室，但并未持续很久。从她翻阅乌尔都语教科书的样子，笔者感受到她想系统学习读写乌尔都语的愿望。

# 6. 不同领域使用的语言

关于外国人语言使用的已有研究大多倾向于调查限定情况下的语言使用，如在家里或在工作中。考虑到已有研究的这种倾向，本文设置了9个语言使用领域，每个领域有1—7个场景，从而调查了40个场景下的语言使用情况。①我们要求受访者从5个选项中选择2个来说明各种场景下使用日语、乌尔都语、阿拉伯语和英语的程度："1.完全不使用""2.不太使用""3.偶尔使用""4.经常使用""5.总是使用"。

## 6.1 使用语言数

图4是各场景语言使用数②的统计结果。比例最高的是使用1种语言，占37.5%，该语言为日语；使用两种及以上的多语占比为62.5%，受访者在25个场景中回答使用两种及以上的语言。

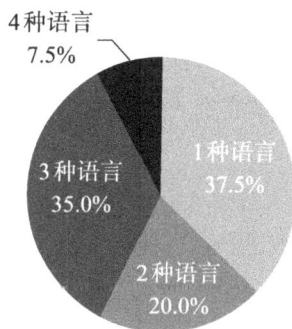

**图4 使用语言数**

---

① 使用领域和场景参见文末资料。

② "语言使用数"是指平均使用度在使用度2"不太使用"及以上的回答。因此，使用度1"完全不使用"的回答不在统计对象之内。

表2表示所使用的语言组合及其百分比。在两种及以上语言的情况中，80%的语言组合是"日语+乌尔都语""日语+英语"以及"日语+乌尔都语+英语"。由此可见，除日语外，英语和乌尔都语也经常被使用。这与第4节"语言资源"中所述除母语外英语和乌尔都语使用人数排在前2位的分析结果相吻合。

**表2　语种组合**

| 使用语言数 | 语种组合 | 次数 | 占比/% |
|---|---|---|---|
| 1种 | 日语 | 15 | 100.0 |
| | 合计 | 15 | 100.0 |
| 2种 | 日语+乌尔都语 | 4 | 50.0 |
| | 日语+英语 | 4 | 50.0 |
| | 合计 | 8 | 100.0 |
| 3种 | 日语+乌尔都语+英语 | 12 | 85.7 |
| | 日语+乌尔都语+阿拉伯语 | 2 | 14.3 |
| | 合计 | 14 | 100.0 |
| 4种 | 日语+乌尔都语+阿拉伯语+英语 | 3 | 100.0 |
| | 合计 | 3 | 100.0 |

## 6.2　英语和乌尔都语的使用场合

那么，在什么场合中使用英语和乌尔都语？职场中以使用英语最为显著。后续采访3中的日本家庭成员坦言，当她们帮助巴基斯坦丈夫工作时，需要用英语读写文件。

【后续采访3】
"我在工作(即协助巴基斯坦丈夫工作)时，所有文件也都是英语。"

实际上，笔者在调查中遇到的日本家庭成员中，能使用英语的人不在少数。工藤(2008)指出，日本女性以接触巴基斯坦男性为契机，高度关注英语或从事使用英语的职业。上述后续采访3正说明了由于协助巴基斯坦男性的工作，这些日本家庭成员潜在的英语能力得以发挥。

与此相对,乌尔都语主要用于以下三种场合:宗教交流、家庭交流、与巴基斯坦人或其他南亚人交流。在此,我们将聚焦于第三种"交流"来讨论语言的使用场合。

【后续采访4】

"我每周都会去一次新大久保的一家清真食品店①。

……在××店(店名),[孟加拉国店员]用乌尔都语[问道]:"想要几个?"起初他认为我是日本人,所以用日语问,但我会说乌尔都语。……有家名叫×××的餐厅(一家巴基斯坦人经营的餐厅),上周我在那里的家庭包厢吃饭。……那里的菜单也是乌尔都语和日语双语对照的。"

后续采访4反映了日本家庭成员积极与巴基斯坦同胞和南亚人(孟加拉国或印度人等)互动交流。在清真商店购物时,用乌尔都语与外国店员交流,在巴基斯坦人经营的餐馆里使用乌尔都语菜单点菜,在巴基斯坦人社区这些都是司空见惯的景象。可见,除日语外,日本家庭成员也积极使用乌尔都语。

此外,不仅有后续采访4中的面对面交流,这些日本家庭成员也在Skype和社交媒体等上用乌尔都语和英语,与在巴基斯坦等海外的亲朋好友交流。

## 6.3　使用最频繁的语言

图4显示,日本家庭成员在半数以上场景中使用了两种及以上语言。在她们使用的多种语言中,使用最频繁的语言是哪种?本文我们将使用最频繁的语言定义为使用中值②至少为4的语言,并对其进行分析。结果显示,约95.1%的日本家庭成员频繁使用的是日语,4.9%是阿拉伯语。

日本家庭成员在日本出生长大,她们的母语是日语,接受的也是日语教育。因此,这些日本家庭成员使用日语最为频繁也情有可原。

有趣的是,阿拉伯语在某些情况下也被频繁使用。第4节"语言资源"中阐

---

① "清真"的意思是符合伊斯兰教的东西。清真食品必须不含酒精或猪肉等,猪肉以外的肉类也必须以伊斯兰教的方式处理。清真商店是指以经营清真食品为主的杂货店。

② 中值(又称中位数)是指将统计总体当中的各个变量值按大小顺序排列起来,形成一个数列,处于变量数列中间位置的变量值就称为中值。中值的优点是不受偏大或偏小数据的影响,很多情况下用它代表全体数据的一般水平更合适。如果数列中存在极端变量值,用中值作代表值就比平均数更好。——译者注

述了除母语外,没有一个日本家庭成员选择阿拉伯语作为日常生活中无障碍交流的语言。而且,第5节"语言能力"中我们发现,日本家庭成员对自己阿拉伯语能力的评价在4种调查语言中最低。

换言之,对日本家庭成员而言,阿拉伯语可谓是他们最不擅长的语言。尽管如此,日本家庭成员的语言生活中,有时还是不得不频繁使用阿拉伯语,即在宗教活动中的礼拜和诵读经文时。

日本家庭成员关于阿拉伯语能力的自我评价极低(5个等级评价的平均值),如图3所示,听、说能力为1.2,写作能力为1.4,阅读能力为1.6。由此可知,她们使用阿拉伯语礼拜或诵读经文并非易事。在笔者参与观察的日本穆斯林的学习会①上,不仅有《古兰经》内容的学习,还会像讲解英语的长篇阅读一般,详细讲解阿拉伯语的语法和词汇,如"阿拉伯语中××表示否定之意""阿拉伯语中××指时间、约定的时间"。参加学习会者也都认真地做着笔记。

工藤(2008)指出,这些日本女性强烈意识到自己穆斯林的身份,而学习会是塑造自己作为穆斯林的身份的契机。这种学习会表明日本家庭成员希望能自己用阿拉伯语做礼拜和诵读经文,成为虔诚的穆斯林。实际上,受访者在回答关于"身份"认同的问题(Q17)时,选择宗教信徒(穆斯林)作为描述自己的词汇的人数仅次于日本人和当地居民。可见她们重视自己的穆斯林身份,而掌握阿拉伯语可谓是这种身份的表象。

## 7. 结　语

本文的分析和考察结果如下:第一,约七成日本家庭成员的自我评价是除母语之外还掌握其他语言的多语者,其比例是普通日本人的3倍。第二,除日语外,乌尔都语和英语是她们的主要语言资源。乌尔都语是巴基斯坦的国语,也是"连接语言",生活在日本的家庭成员在日常生活中也能达到正常交流水平。第三,关于语言能力,作为母语的日语最高,阿拉伯语最低。她们乌尔都语的4项技能之间存在差异,口语能力明显高于书面语能力。造成这种差异的主要原因可能是学习乌尔都语读写的困难和缺乏系统学习读写的机会。第四,关于不同场景使用的语言数,25个场景(约六成)中,受访者使用了两种及以上语言,而除日语外频繁使用的是英语和乌尔都语。第五,受访者最频繁使用的语

---

① "学习会"是在讲师的指导下学习伊斯兰教义和诵读《古兰经》等的场所。

言是日语和阿拉伯语,但日语的比例极高。阿拉伯语虽然不能被列入语言资源(除了母语以外,日常生活中能正常交流的语言),语言能力的自我评价也最低,但它在宗教活动中的礼拜和诵读经文时却是必不可少的语言。

上述结果表明,日本家庭成员的语言库中,除母语日语以外,至少还包括乌尔都语、英语、阿拉伯语等。随着具有一定英语能力的日本女性进入巴基斯坦人社区,她们的语言库中增加了乌尔都语和阿拉伯语,可谓是进一步推进了日本的多语化。

反观关于日本人多语的讨论,主要集中在提高日本人的英语能力。近年来广为传播的是经济界将英语作为社会官方语言的趋势(则定,2012;高森,2015),以及日本文部科学省《关于培养"日本英语人才"战略构想的制定》①中大力推进提高全民英语能力的政策。但是,日本家庭成员的语言绝非仅为英语,而是与社区的社会历史语境或身份相结合,并延伸到非英语语种,如乌尔都语和阿拉伯语。换言之,日本家庭成员拥有英语以外的多语资源。这令我们重新思考"多语者是外国人,与日本人无关"的言论,以及将多语状况局限于英语的倾向。

本研究中在日巴基斯坦人社区中的日本家庭成员具有多重特征,既是日本人,又是巴基斯坦家庭成员,同时也是穆斯林,这在过于强调同质性的传统话语中可能是异类。但是,之所以描述日本人是一体的,是因为近代国家方针和教育使得人们将自己的存在视为确定的(船曳,2003)。这意味着本研究中的日本家庭成员是多元化日本社会的多重存在的一部分。

日本家庭成员与日本社会密不可分,她们的多语状况也是日本多重性的表现,与社会和世界的要素相互关联并持续发生变化(船曳,2003)。

对于经常往返日巴或前往其他国家的巴基斯坦家庭而言,这种关联性已超出了日本。上述"移动"不局限于移居、旅行等物理上的移动,还包括互联网的在线移动。随着移民利用智能手机、Skype软件等手段虚拟访问祖国的普及,日本家庭成员线上访问巴基斯坦的频率也将增加。虽然身在日本,但通过与在海外出差的巴基斯坦丈夫、居住在巴基斯坦的家人等的交流,日本家庭成员的关系已经不能再简单地分为外部和内部。在这种超越国家的关系中,人们使用了多种语言。

---

① 参见http://www.mext.go.jp/b_menu/shingi/chousa/shotou/020/sesaku/020702.htm(2019年9月12日访问)。

　　最后,笔者想谈一谈关于国际婚姻语言使用的已有研究。首先,日本的国际婚姻中,日本男性和外国女性的婚姻占总数的七成,其中约八成的外国女性是亚洲女性。因此,有许多研究从亚洲女性的赋权(empowerment)角度出发,着眼于她们的日语学习。其次,也有许多关于出生在英语圈的人和日本人的国际婚姻中英语使用情况的研究,即在国际婚姻语言使用的研究中,研究者们对母语日语和全球第一大通用语英语的关注度较高,而对其他语言关注较少。

　　作为日本人多语化的一个例子,本文着眼于在日巴基斯坦人社区的日本家庭成员,考察了其多语使用状况。今后,我们希望扩大研究对象,深入探讨日本人的多语使用状况。

# 参考文献

井上史雄(2000)『日本語の値段』大修館書店。

小栗左多里・ラズロ、トニー(2010)『ダーリンの頭ン中2』メディアファクトリー。

片岡弘二(1982)「インド及びパーキスターンの農村部より都市への移住者の言語生活」『言語生活』第361号、pp.65-75.

金田智子編(2010)『「生活のための日本語」に関する研究:段階的発達の支援をめざして中間報告書』(平成20年度—23年度科学研究費補助金基盤研究B　研究成果報告書　中間報告書)。

河野俊昭・山本忠行編(2004)『多言語社会がやってきた』くろしお出版。

工藤正子(2008)『越境の人類学:在日パキスタン人ムスリム移民の妻たち』東京大学出版会。

桜井啓子(2003)『日本のムスリム社会』筑摩書房。

総務省(2006)『多文化共生の推進に関する研究会報告書:地域における多文化共生の推進に向けて』。

高森桃太郎(2015)「日系企業における英語社内公用語化の手順と管理体制:楽天の事例」『同志社商学』第67巻1号、pp.63-78.

多言語化現象研究会編(2013)『多言語社会日本:その現状と課題』三元社。

日本語教育学会編(2009)『外国人に対する実践的な日本語教育の研究開発(「生活者としての外国人」のための日本語教育事業):報告書』。

則定隆男(2012)「英語の社内公用語化を考える」『商学論究』第59巻4号、pp.1-3.

平高史也・木村護郎クリストフ編(2017)『多言語主義社会に向けて』くろしお出版。

福田友子(2012a)『トランスナショナルなパキスタン人移民の社会的世界—移住労働者から移民企業家へ』福村出版。

福田友子(2012b)「パキスタン人—可視的マイノリティの社会上昇」樋口直人編『日本のエスニック・ビジネス』世界思想社、pp.221-250.

船曳建夫(2003)『「日本人論」再考』日本放送出版協会。

星野ルネ(2018)『アフリカ少年が日本で育った結果』毎日新聞出版。

萬宮健策(2004)「地域語のエネルギーに見る国民統合と地域・民族運動」黒崎卓・子島進・山根聡編『現代パキスタン分析—民族・国民・国家』岩波書店、pp.83-119.

安田敏朗(2011)『「多言語社会」という幻想』三元社。

ラズロ、トニー(2011)『英語にあきたら多言語を!:ポリグロットの真実』アルク。

### 文末资料　关于语言使用的领域与提问

| 序号 | 问题（领域与场合） | 序号 | 问题（领域与场合） |
|---|---|---|---|
| 1 | Q7生活全貌:生活全貌 | 17 | Q12-1宗教:礼拜 |
| 2 | Q8-1家庭:孩子 | 18 | Q12-2宗教:说教* |
| 3 | Q8-2家庭:配偶 | 19 | QI2-3宗教:学习会 |
| 4 | Q8-3家庭:父母 | 20 | Q12-4宗教:庆典、葬礼 |
| 5 | Q9-1职场:同事、下属 | 21 | Q12-5宗教:诵读经典 |
| 6 | Q9-2职场:上司 | 22 | Q12-6宗教:交流 |
| 7 | Q9-3职场:交易对象、顾客 | 23 | Q13-1媒体:报纸 |
| 8 | Q10-1邻居、友人:邻居 | 24 | Q13-2媒体:杂志 |
| 9 | Q10-2邻居、友人:友人 | 25 | Q13-3媒体:书籍 |
| 10 | Q11-1公共设施:市政府、派出所 | 26 | Q13-4媒体:收音机 |
| 11 | Q11-2公共设施:百货商店、超市 | 27 | Q13-5媒体:电视 |
| 12 | Q11-3公共设施:银行、邮局 | 28 | Q13-6媒体:录像、DVD |
| 13 | Q11-4公共设施:饭店、咖啡店 | 29 | Q13-7媒体:网络 |
| 14 | Q11-5公共设施:医院 | 30 | Q14-2-1网络:Skype软件 |
| 15 | Q11-6公共设施:清真食品店 | 31 | Q14-2-2网络:电子邮件 |
| 16 | Q11-7公共设施:同胞饭店 | 32 | Q14-2-3网络:社交媒体 |

续表

| 序号 | 问题(领域与场合) | 序号 | 问题(领域与场合) |
|---|---|---|---|
| 33 | Q15-1社交活动:巴基斯坦文化介绍、国际交流 | 37 | Q15-5社交活动:自治会、町内会 |
| 34 | Q15-2社交活动:运动、爱好 | 38 | Q15-6社交活动:灾害、难民援助 |
| 35 | Q15-3社交活动:家长教师协会(PTA)、儿童会 | 39 | Q15-7社交活动:地方政府、地域委员 |
| 36 | Q15-4社交活动:消防队、犯罪防范 | 40 | Q15-8社交活动:工会 |
| 共计:9个领域、40个场合 | | | |

* "Q12-2 宗教:说教"是关于宗教领域的"理解伊斯兰教领袖或牧师等宗教领导者的说教"的提问。

# 库页岛归国者青年一代日趋显性化的多语使用 与民族身份的多重性①

斯维特兰纳·佩查德兹

## 1. 引 言

本文旨在探讨库页岛归国者青年一代的多语使用和学习情况,以及他们身份的多重性。

日俄战争后,日本侵占南库页岛(日本称为"桦太"),许多日本人和朝鲜人开始移居此地。1946年至1949年期间,日本政府进行了前期正式的日侨遣返。②然而,也有不少日本人想回国却无法回国。这些人主要是被拘留者、在造纸厂等从事专门工作者,以及与朝鲜人通婚的日本女性。出于各种原因而未能归国的"库页岛残留日本人"的概念也由此出现。

1990年之后归国的"库页岛残留日本人"及其后代(第二、三代)等被称为"库页岛归国者"。北海道是库页岛归国者的主要移居地,目前有200余人居住在此。

笔者自2006年起担任"俄罗斯学校"(俄语母语学习周六课堂)的志愿者,2008年起担任外国儿童学习援助组织"札幌儿童援助协会"(Child-assist Sapporo Association, CaSA)的志愿者,为库页岛归国儿童提供学习指导和未来发展咨询。2013年至2017年期间,我们实施了多次问卷调查和访谈调查,以进一步明确他们在教育支持、民族身份多重性以及语言使用和语言学习方面的

---

① 作为本文基础的论文出处如下:《库页岛归国者青年一代的自我认同、语言使用和学习》(《移民研究年报》,2017年第24期)。

② 后期正式的日侨遣返于1957年至1959年期间进行。

意识。

本文揭示了从小在多文化、多语言环境中长大的库页岛归国者青年一代（主要是第三代）在归国后的民族自我认同、语言使用和语言学习意识。

## 2. 研究问题

### 2.1 研究背景

由于战争移居中国和库页岛后被迫滞留，于20世纪80年代起从中国和20世纪90年代起从库页岛回到日本的群体，分别被称为遗华日侨（日本称"中国归国者"）和"库页岛归国者"①。

从中国和库页岛回国的日本人与其他日裔移民在留日情况、国家对他们的责任，以及回国后在日本的法律地位等方面有所不同。他们并非作为移民移居海外的，也不是国家"撤离"的对象。因此，接他们回国是国家的责任。通过国家规划回国者可以申请日本国籍，也无须担心签证问题。此外，到2017年为止，这些归国者可以在埼玉县所泽市的遗华日侨孤儿定居促进中心②接受日语研修、定居和职业指导等，还可以在各地的遗华日侨援助交流中心继续学习日语。但是，从在国外出生成长，拥有异文化背景，不容易适应日本社会的视角来看，可以说两者都是"民族回流移民"（ethnic return migrant）（Tsuda，2009a）。

蘭（2009）指出，战后未能回国而留在中国长达50年，或者在中国出生成长的遗华日侨是"归国移民"。此外，基于库页岛归国者身份的多重性以及单一民族主权国家理念，日本政府在民族国家框架内实施了"日本归国政策"，而Hyun和Paichadze（2015）阐明了其中的龃龉。因此，将遗华日侨和库页岛归国者作为移民展开研究，既能揭示他们在日本社会面临的问题，又能为移居研究做出重要贡献。本文也将从这个角度分析库页岛归国者的问题。

库页岛归国者与遗华日侨存在类似问题，但在语言和身份上却大不相同。第一，库页岛归国者的历史经历与遗华日侨不同。库页岛归国者的家属不仅有

---

① 引自厚生劳动省官网，参见 http://www.mhlw.go.jp/stf/seisakunitsuite/bunya/hokabunya/senbotsusha/seido02/（2017年9月22日访问）。行政机关一般使用"桦太归国者"这一用语，但由于本文的研究对象是二战后出生的一代，所以将其标记为"库页岛归国者"。

② 1994年改名为遗华日侨定居促进中心。

日本人,也有在日本帝国时期自愿或强制迁徙到库页岛并留下来的朝鲜人。由于社会背景相似,移居库页岛的日本人和朝鲜人之间建立了横向关系。通过婚姻、领养等方式建立家庭关系的情况并不罕见(玄·パイチャゼ,2016)。换言之,在他们身上不仅可以看到日本和俄罗斯,还可以看到朝鲜半岛的文化身份。①

第二,第三代库页岛归国者的母语是"非汉字圈"的俄语。因此,他们要掌握日语,即所谓的学业语言(academic language)困难重重。此外,俄语的语言地位也不如英语。从以上观点来看,库页岛归国者与巴西日裔也有相似之处(Tsuda,2009b:28)。

库页岛归国者的另一个特征是他们聚居在北海道,特别是札幌市。因为北海道靠近俄罗斯边境,气候相似,和库页岛也有交通联系。和遗华日侨一样,库页岛归国者大多居住在公租房,即札幌的特定区域。因此,学生也集中在特定中小学。

近年来,库页岛归国者子女的日朝俄认同感、归国后的生活、对日本社会的适应以及教育等问题的研究愈发多见(千葉ほか,2011,2012;Paichadze & Din,2014;Hyun & Paichadze,2015)。然而,这些研究主要从教育援助的角度出发,关注具有多重身份的库页岛归国者的日语教育和母语(俄语)教育的必要性或改进方法,并未考察他们对民族自我认同和语言的看法。

## 2.2 研究目的与展望

本文以这些已有研究为基础,阐明在多语言、多文化环境中成长的库页岛归国者青年一代的自我认同感,以及他们对语言使用和学习的意识。这种"内在"视角(趙,2010)的分析对今后双(多)语教育也有重要启示。

根据川上(2013)的研究,孩子的语言意识和身份认同,是在与他人的交流、与父母等家人的社会关系中发展而来的。在这个过程中,孩子自己不断摸索并建构自我身份。川上(2013)将孩子在社会关系中建立自我定义为"成为自我的过程"。川上(2003:32)认为,一方面,无论是单语儿童还是双语儿童,"成为自

---

① 俄语中表示韩国的 kale izi 是"朝鲜人""韩国人""高丽人"的意思。残留在库页岛的朝鲜人大多出身于朝鲜半岛南部,现在多数定居韩国,因此多译为"韩国人"。但本文为了避免与大韩民国国民混淆,决定使用"朝鲜"作为民族名。但是,我们不修改日语采访中的"韩国人"名称。

我的过程"都一样,但单语儿童是在空间维度和时间维度的扩展中意识到他人和自我,从而形成自我。另一方面,双语者还有语言维度,即"通过在语言维度接触的多种语言,意识到他人和自己的不同,从而形成自我"。

孩子在"与他人的互动"和"与他人的联系"中积累经验,从而形成自我身份,川上的观点也与本文一致。但是,我们并不认为单语儿童和双语儿童之间存在语言维度上的差异。对单语儿童而言语言维度同样重要,理由如下。

每个孩子都在家庭、学校、课外活动团体等社会制度(social institution)之间移动,通过与他人的联系实现社会化,从而建构自我身份。要想和他人建立联系,就需要"我"和"他人"都能理解的"符号"。交流符号多种多样,米哈伊尔·巴赫金(Mikhail Bakhtin)认为,社会交流中发挥重要作用的符号是语言(バフチン,1976:19)。特别是儿童,列夫·维果茨基(Lev Vygotsky)认为他们在社会交往中获得交流符号(ヴィゴツキイ,2006:110-111)。

在这一点上,单语儿童和双语儿童毫无二致。但对于单语儿童,虽然各社会制度内的交流方式有所差异,但基本的交流符号是同一种语言。

再者,双语等多语环境中的孩子周围的各个社会制度(家庭、学校等)具有各自不同的民族文化背景。因此,学习不同的民族价值观、风俗、传统等时,基本上用不同的"符号"交流。换言之,在这种环境下,孩子一般需要记住两种以上的语言。但是,如果能用同一种语言传达不同的民族价值观,那么学习新语言的必要性就会降低。这就是本文将要探讨的拥有"日、朝、俄"三重身份的库页岛归国者。

# 3. 北海道札幌市的外国人

## 3.1 居住于札幌市的外国人及归国者

如上所述,大多归国者定居在北海道,特别是札幌市。本节讨论居住在札幌市的外国人及归国者的情况。

据札幌市政府官网,截至2017年8月,该市人口为1962622人[①]。其中,外国人有11575人,与2009年的9562人相比呈增加趋势。占比最多的是中国人

---

① 引自札幌市官网,参见 http://www.city.sapporo.jp/toukei/geppo/documents/h26-08.pdf(2017年9月22日访问)。

（3927人，34%），其次是朝鲜/韩国人（2696人，23%），第三位是美国人（589人，5%）。俄罗斯人有277人（2.4%），但不包括以俄语为母语、国籍为日本的库页岛归国者。现在，札幌市有40户（168人）永久居住的归国者，虽无准确统计，但若包括自费来日本的家庭，那就有40多户（Hyun & Paichadze，2015：224）。

此外，经常有研究指出，掌握札幌"归国"者等外国血统儿童的确切人数困难重重（青木ほか，2014；パイチャゼ，2012）。日本文部科学省只统计了"需要日语指导的外籍/日籍学生"，而且，其统计不是基于各地区的实际情况，而是涵盖了全国大多数外国人。据文部科学省统计，北海道有124名外籍、51名日籍的拥有外国血统的中小学生[①]，但这一统计中没有俄罗斯籍的学生，因为他们在全国占少数。从札幌市教育委员会的统计[②]来看，"平成29年度按国家划分的中小学在籍学生数"及其国籍的详情如表1和表2所示。

表1　2017年度需要日语指导的外国学生的在籍数量

单位：人

| 数量 | 小学 | 初中 | 高中 | 合计 |
|---|---|---|---|---|
| 学生数量 | 208 | 55 | 无数据 | 263 |
| 学校数量 | 79 | 32 | 无数据 | 111 |

笔者基于2017年9月14日对札幌市教育委员会的问卷调查结果制作而成。

表2　2017年度按国家划分的中小学在籍学生数

单位：人

| 学校 | 中国 | 韩国 | 俄罗斯 | 蒙古国 | 孟加拉国 | 尼泊尔 |
|---|---|---|---|---|---|---|
| 小学 | 74 | 52 | 16 | 8 | 6 | 5 |
| 初中 | 17 | 16 | 4 | 2 | 2 | 3 |

笔者基于2017年9月14日对札幌市教育委员会的问卷调查结果制作而成。

据日本文部科学省的统计，整个北海道共有120名外籍和日籍小学生，但根据札幌市教育委员会的统计，札幌市的外籍小学生人数为208人。此外，从

---

① 引自日本文部科学省官网，参见 http://www.mext.go.jp/b_menw/houdou/29/06/_icsFiles/afieldfile/2017/06/21/1386753（2017年9月22日访问）。

② 对札幌市教育委员会的问卷调查（2017年9月14日访问）。

表2所示的国籍数据来看,文部科学省的统计中未曾出现的俄罗斯籍的中小学生人数位居第三。

虽然库页岛归国者的学生人数尚无官方数据,但笔者根据遗华日侨援助交流中心和札幌儿童援助协会的联合调查整理其人数如下(表3)。

表3　2017年度库页岛归国者儿童与青年人数

单位:人

| 地区 | 幼儿园 | 小学 | 初中 | 高中 | 大学 |
|---|---|---|---|---|---|
| 北海道(札幌) | 3(2) | 15(14) | 4(4) | 7(3) | 13(10) |
| 北海道外 | — | — | — | — | 5 |

笔者基于遗华日侨援助交流中心和札幌儿童援助协会的数据制作而成。

以上是笔者为明确北海道及札幌的外国人、归国学生数而进行的考察。但为了向这些学生提供适当的学习援助,笔者希望能获取反映他们国籍、民族构成等当地特殊性的数据。

此外,笔者将观察在非外国人聚居地的札幌市,政府和民间组织如何对外国归国学生实施学习援助。

## 3.2　札幌市对外国及归国学生的学习援助

### 3.2.1　札幌市教育援助系统

札幌市对外国学生的援助,可以分为"官方""准官方""非官方"三种类型。

札幌市行政部门提供"官方"教育援助,配有教育委员的额外教师制度和有教学经验的人在公共设施开办日语教室。目前,4所外国儿童较为集中的小学都配有额外教师。归国者援助交流中心也为中国、库页岛归国者提供部分官方援助。

教育委员会委托志愿者团体提供的是"准官方"援助。他们根据外国人和归国者所在学校的要求派遣日语志愿者。一个名为"札幌儿童日语俱乐部"的团体正在开展这种援助活动。

此外,"非官方"援助则是民间组织接受外国人社区的委托,为外国人或归国人员子女提供学习援助的一种方式。例如,以天主教为基础的"欢迎小屋"(Welcome House)组织,主要为在日菲律宾人提供日语学习援助。下文将详细介绍札幌儿童援助协会面向学生的日语教室。各援助小组之间有一定程度的合作。

再者,札幌并无许多能提供母语学习援助的组织。虽然有用朝鲜语或英语授课的朝鲜学校和北海道国际学校(Hokkaido International School,HIS),但遗华日侨只能在遗华日侨援助交流中心的汉语班学习,库页岛归国者等俄语母语者只能在下述"俄罗斯学校"学习。①

下文将探讨以库页岛归国者第三代为对象的俄罗斯学校,以及札幌儿童援助协会与他们之间的关系。

### 3.2.2 俄罗斯学校(Русская школа)

"俄罗斯学校"于2001年作为周六课堂开放,目前由俄罗斯人社区以志愿者为基础运营。该校每年约有50名学生将俄语作为母语、继承语或第二语言来学习,2016年共有5名教师授课。该校除了用俄语教授俄语、俄罗斯文学、世界史、美术和英语外,还为以俄语为第二语言的孩子开设俄语第二语言(Russian Second Language,RSL)课程。此外,该校还把年龄和俄语水平相近的孩子组成小班。

表4总结了2013年度和2016年度调查显示的俄罗斯学校学生民族背景。

表4　俄罗斯学校学生的民族背景(单位:人)

单位:人

| 年度 | 总人数 | 归国者 | 俄罗斯 | 日本和俄罗斯 | 俄罗斯和其他 | 其他民族 | 日本人 |
|------|--------|--------|--------|--------------|--------------|----------|--------|
| 2013年 | 53 | 16 | 16 | 12 | 2 | 5 | 2 |
| 2016年 | 46 | 11 | 15 | 15 | 2 | 1 | 2 |

笔者根据俄罗斯学校提供的信息制作而成。

如表4所示,2013年俄罗斯学校的53名学生中,16名是归国者,16名是俄罗斯人,12名是日俄混血者,5名②是俄罗斯人和其他民族的混血者,5名是其他民族者,2名是日本人。2016年该校学生人数减少至46人,各民族背景者分别为11人、15人、15人、2人、1人、2人。

2008年之后,俄罗斯学校与札幌儿童援助协会建立合作关系,在相邻的教

---

① 遗华日侨母语班于2016年结束。作为与札幌儿童援助协会的合作班,2010年至2012年开设了西班牙语母语班。此外,市立札幌大通高等学校自2009年12月起开设了包括俄语在内的几种语言的班级。

② 按照作者所做表格,此处应是2人。——译者注

室开设俄语和日语课程。

### 3.2.3 札幌儿童援助协会

札幌儿童援助协会是一个成立于2008年的民间组织。它旨在为"外国人与归国者的子女和监护人"和"日本学生、教师和监护人"提供双向援助,并提供口笔译服务、日语和母语教育、文化交流实践、信息共享和传播等援助。札幌儿童援助协会受理的援助请求中,有来自学校的口译委托,也有来自学生家长等的日语学习委托,委托数逐年增加。

札幌儿童援助协会的课程分为日语援助、学习援助、应试援助三种类型,根据学习者的意愿、课题、水平,基本以一对一的形式进行。

表5列出了截至2016年札幌儿童援助协会援助的学生国籍。

表5　2008—2016年札幌儿童援助协会援助的学生国籍

单位:人

| 学校 | 俄罗斯(归国者) | 玻利维亚 | 中国 | 秘鲁 | 德国 | 英国 | 合计 |
|---|---|---|---|---|---|---|---|
| 小学 | 12(6) | 2 | 1 | 1 | 0 | 2 | 18 |
| 初中 | 7(5) | 2 | 0 | 0 | 1 | 0 | 10 |
| 高中 | 6(5) | 0 | 0 | 0 | 0 | 0 | 6 |
| 合计 | 25(16) | 4 | 1 | 1 | 1 | 2 | 34 |

笔者依据札幌儿童援助协会的信息制作而成。

如表5所示,34人中有25人来自俄罗斯。札幌儿童援助协会并未采取优先援助俄罗斯学生的方针,但因负责人是俄罗斯人,而且札幌儿童援助协会与俄罗斯学校有合作关系,因此聚集了许多来自俄罗斯的学生。从俄罗斯来日本的25名学生中有16人是库页岛归国者。由于他们的来日时间和日语能力各不相同,札幌儿童援助协会根据每位学习者的需求,提供日语学习、学科学习和应试指导等。

俄罗斯学校与札幌儿童援助协会会举办各种民族庆典和跨文化交流活动,为学生提供与不同文化背景的人交流的机会。

我们将在下一节介绍在这种活动或学习中发生的具体事例。

# 4. 从活动、生活中发现的问题和展望

如前所述,库页岛归国学生具有日俄或日朝的多重性身份,会说两种及以上语言,他们在多元文化中使用多语成长。以俄语为母语,且浸润了朝鲜半岛文化习俗的学生们在北海道的公立学校上学。星期六他们学习俄语,同时在校外机构学习日语。探讨对具有这三重身份的学生的教育援助方式,也是实现北海道多文化教育的一大课题。为了完成这个课题,倾听在多元文化、多语环境中成长的相关人士的声音至关重要。

下文我们将介绍俄罗斯学校和札幌儿童援助协会的学习者的自我认同和各语言相关的小故事。

## 4.1 身份认同

"我是高丽人!"①

东北亚庆典时,北海道朝鲜学校和俄罗斯学校的学生们在同一个房间排练。一个身穿俄罗斯民族服装的库页岛归国女学生吸引了朝鲜学校学生的目光。她的朋友看到后说:"朝鲜民族服装更适合你呢。"她笑着回答:"我知道我和她们(朝鲜学校的学生)很像,因为我是高丽人呀。"其他学生听了,纷纷用日语或俄语说"我也是"。完全不会说朝鲜语和韩语的学生们却自称是高丽人,从这一事例中可以看出,他们的语言能力和民族认同感未必一致。

"你怎么看待自己的身份?"

一名就读于俄罗斯学校的女高中生,为了在英语演讲比赛中讲述出生在日本的外国人的民族身份,2016年对俄罗斯学校的同学实施了"民族身份调查"。征得协助"调查"的孩子的许可后,我们让他们介绍调查内容,其回答五花八门。有的孩子虽然没有日本血统,但回答"我认为自己是日本人";有的孩子虽然有日本血统,却回答"我不认为自己是日本人";还有人回答"虽然我认为自己是俄罗斯人,但日本才是我的国家"。甚至连兄弟之间的回答也各不相同。之后,笔者询问了库页岛归国者在内的俄罗斯学校的学生们,如何判断自己是否"日本人"时,大多数人认为这取决于他们在"日本社会(日本学校)"中的经历。

---

① 原文为「コリアン」,该词对应的英语是"Korean"。为了避免歧义,我们将该词音译成"高丽",对应历史上的"高丽"王朝。——译者注

这些案例以及与学生的讨论表明,民族背景和身份之间存在"偏差"。同时,这也证实了身份是流动的,可以根据与他人的关系而改变。

## 4.2 语言的使用与学习

本节探讨这些学生对各语言的使用和学习的态度。

在俄罗斯学校,长期在日本生活的孩子用俄语与来日不久的孩子交流,以提高俄语能力。而对来日不久的孩子而言,长期在日本生活的孩子是他们了解日本社会的一个窗口。他们互相给予对方语言刺激。2007年至2012年期间,每年都有从库页岛"回国"的家庭,这对在日本已久的孩子使用俄语产生了积极影响。

许多初中以后"回国"的孩子觉得没有必要特意学习母语俄语,认为"就算不学也不会忘记""没有必要学"等。尽管如此,也有人在日本生活久了,意识到自己俄语能力下降后开始自学俄语。一名男学生(R)说:"还是应该好好学习俄语。从现在开始,我将每周和朋友学习一次俄语。"现在,已是大学生的他仍在坚持自学俄语。

女学生(Y)以大学升学考为契机,改变了对俄语学习的态度。在推荐考试中,她必须为小论文和面试获取大量的信息,然后发现自己能快速大量阅读的语言是俄语。

学龄前后来日的孩子所学习的语言是日语。但是对于男学生(K)的情况,在指导其高中入学考试的几名援助者中,担任社会科指导员的是俄语母语者。因此,他能很自然地用俄语和日语学习社会科。他说:"之前分别用日语和俄语学习的内容终于相连。能用两种语言学习真是太好了。"

库页岛归国者子女的日语学习过程因来日时间不同而大相径庭。小学时来日本的孩子用日语交流基本没有问题,但在课程学习时,用日语学习却偶尔会感到困难。这时就会带着"看不懂题目""小学时不懂日语,不太能学习"等问题来咨询援助者。

初中后来日本的归国者必须同时学习课程和语言,这就加重了13—15岁的他们成为"文盲"的压力。

此外,库页岛归国者第三代的母语虽然并非朝鲜语或韩语,但多少对其有些文化上的兴趣,因此在高中或大学选择朝鲜语或韩语作为第二外语的情况不在少数。

为进一步明确库页岛归国者学习的具体情况,下文将介绍调查的结果。

# 5. 问卷和调查访谈

## 5.1 调查对象和方法

为了进一步明确这些学生的自我认同和语言学习意识,我们在2013年至2017年期间进行了多次问卷调查和调查访谈。受访者有12人,除一名32岁的女性外,其他均为16岁至26岁的库页岛归国者第三代。在这12人的家庭民族背景中,8人为"日朝家庭",4人为"日俄家庭"。其中,学龄前和高中毕业后"回国"的子女各2名,"回国"后插班入学的有小学4名、初中2名、高中2名。这12人的详情如表6所示。

表6 调查访谈合作者的信息

| 受访者 | 回国年份/回国时年龄(年/岁) | 俄罗斯学校 | CaSA的日语课程 | 学习援助/升学帮助 | 就业、升学咨询 | CaSA活动参加情况 |
|---|---|---|---|---|---|---|
| K男* | 2004/8 | 小学二年级—高一 | 无 | 考试:日语、俄语 | 日语、俄语 | 参加 |
| O女* | 2004/5 | 小学一年级—初三 | 无 | 考试:日语 | 日语、俄语 | 参加 |
| L男 | 2005/7 | 小学一年级—初二 | 无 | 学习/考试:日语 | 日语、俄语 | 参加 |
| D男 | 2005/2 | 小学二年级—初一 | 无 | 学习/考试:日语 | —— | 参加 |
| M女* | 2007/11 | 无 | 无 | 无 | 无 | 参加 |
| F男* | 2007/11 | 小学二年级—初三 | 无 | 无 | 俄语 | 参加 |
| N女* | 2009/16 | 高一—高二 | 有 | 学习/考试:日语、俄语 | 日语、俄语 | 参加 |
| A女* | 2010/15 | 初二—初三 | 有 | 考试:日语 | 日语、俄语 | 参加 |
| Y女* | 2010/13 | 初一—初三 | 有 | 考试:日语、俄语 | 日语、俄语 | 参加 |

续表

| 受访者 | 回国年份/回国时年龄(年/岁) | 俄罗斯学校 | CaSA的日语课程 | 学习援助/升学帮助 | 就业、升学咨询 | CaSA活动参加情况 |
|---|---|---|---|---|---|---|
| R男* | 2012/16 | 高一——高二 | 有 | 无 | 俄语 | 参加 |
| N男* | 2012/20 | 高中毕业 | 有 | 无 | 无 | 参加 |
| V女* | 2003/20 | 监护人 | 无 | 无 | 无 | 监护人 |

笔者制作而成。*为调查访谈合作者。

在接受问卷调查的12人中,有10人接受了采访。访谈调查中,1人主要使用日语,9人主要使用俄语,但若受访者无意识切换语言,提问者也会随之切换语言。调查项目包括家庭结构、家庭文化的自我意识和自我认同、亲子或兄弟姐妹间使用的语言、语言学习经验、各语言的必要性和使用计划等。访谈调查每次持续1—2个小时,也有人进行了2次以上。应调查合作者的要求,我们在俄罗斯学校的教室、他们的家中等场所进行调查。此外,本文重视的是访谈内容,并未关注谈话研究中的表达行为。

## 5.2 问卷调查

### 5.2.1 民族与自我认同

**表7 关于民族与自我身份的调查**

| 受访者 | 家庭民族结构 | 家庭传统和日常习惯 | 自我身份认同 |
|---|---|---|---|
| K男* | 日本、朝鲜 | 朝鲜、俄罗斯 | 日本、俄罗斯 |
| O女* | 日本、朝鲜 | 朝鲜、俄罗斯 | 朝鲜、俄罗斯 |
| L男* | 日本、朝鲜 | 朝鲜、俄罗斯 | 朝鲜、日本 |
| D男 | 日本、朝鲜 | 朝鲜、俄罗斯 | 朝鲜、日本 |
| M女* | 日本、朝鲜 | 朝鲜、日本 | 日本、朝鲜 |
| N女* | 日本、俄罗斯 | 俄罗斯 | 俄罗斯 |
| F男 | 日本、俄罗斯 | 俄罗斯 | 俄罗斯 |
| A女* | 日本、朝鲜 | 朝鲜 | 朝鲜、日本、俄罗斯 |

续表

| 受访者 | 家庭民族结构 | 家庭传统和日常习惯 | 自我身份认同 |
|---|---|---|---|
| Y女* | 日本、朝鲜 | 朝鲜、俄罗斯 | 朝鲜、日本、俄罗斯 |
| R男 | 日本、俄罗斯 | 俄罗斯 | 俄罗斯 |
| N男 | 日本、俄罗斯 | 俄罗斯 | 俄罗斯 |
| V女* | 日本、朝鲜 | 朝鲜、俄罗斯 | 朝鲜、日本 |

*为调查访谈合作者。

12名调查合作者的民族背景可分为"日朝家庭"和"日俄家庭"两组,其中8人是日朝家庭,4人是日俄家庭。关于家庭传统和习惯(例如饮食文化、宗教礼仪、庆典等),日朝家庭的8人中有6人回答"朝鲜、俄罗斯",2人回答"朝鲜"。而日俄家庭的4人全部回答"俄罗斯"。

### 5.2.2 语言使用与学习

库页岛归国者的第一代大多会双语或三语。各语言的水平取决于使用该语言的年龄、用何种语言接受教育,以及他们在俄罗斯的社会活动情况。

第三代的共同语言是俄语,第一代也用俄语与儿孙们交谈。但是,夫妻之间或与韩国亲戚之间使用朝鲜语(日朝家庭)或日语(日朝、日俄家庭)的情况也不在少数。

第二代基本是俄语母语者,但也有些人稍懂朝鲜语。这一代人在家里通常不使用日语,即使他们的日语水平很高。

第三代在家里有时也说日语。但多为兄弟姐妹间使用。而兄弟姐妹间使用俄语和日语者多数是中小学时来日本的人,但独生子女只使用俄语。高中毕业后来日本的人,不管日语能力如何,在家里只使用俄语。

为了解具有多重身份、会双语的库页岛归国者第三代对各语言学习的看法,我们询问了他们"对你而言各种语言意味着什么?""为什么要学习这种语言?"

①俄语

"为了和俄罗斯的亲戚交流"(4人)、"为了未来"(2人)、"为了日常生活"(2人)、"将来工作中可能会用到"(1人)、"学习其他欧洲语言时会有用"(1人)、"为了在俄罗斯生活"(1人)、"俄语是我们的食粮"(1人)。由此可知,对他们而言,俄语是与家人沟通的工具,也是将来获得"更好工作"的工具。

②日语

"为了在日本生活"（5人）、"为了与日本人交流"（4人）、"为了在日本与日本人或其他外国人交流"（1人）、"为了在日本过得舒适"（1人）、"有生活就有需要"（1人）。由此可见，对他们而言，日语是日本社会的交流语言，是在日本生活的条件。不管是否认为自己是日本人，其回答都是一致的。

③朝鲜语/韩语

关于朝鲜语和韩语，只让日朝家庭的8人回答了相关问题。8人中有6人回答"和我没关系，不想学习"。这6人中有5人认为自己是朝鲜人（包括回答"日本、朝鲜""朝鲜、俄罗斯""日本、朝鲜、俄罗斯"的受访者）。其余2人认为自己是"日本、朝鲜、俄罗斯"人，但其中1人回答："如果去韩国留学，那么想学习韩语，但如果只是在日本生活，就没有必要学。"实际上，此人有学习韩语的经验，曾考虑去韩国留学。另一位回答"想学韩语"，其主要原因是"有想用韩语交流的人"，而不完全因为韩语是自己的民族语言。

从这个回答中可以看出，即使他们认为自己是朝鲜人，但如果不需要用韩语或朝鲜语交流，他们就认为没有必要学习。在家里没必要使用韩语，因为构成民族身份基础的价值观等是用俄语获得的。这就是用一种语言传达两种民族价值观的例子。此外，日本并无使用韩语的场合，且韩语还被视为家庭外的交流工具，因此无法构成学习动机。

## 5.3 调查访谈结果

本节将分析关于自我认同和语言自我意识的访谈内容。

*"在俄罗斯的时候，我妈妈去了日本，给我带来了有趣的故事和好吃的食物，那时我觉得日本真好，我也为自己身上有日本血统而感到骄傲。现在[回到日本后]我却认为我是俄罗斯人。但说不定哪天看法会改变。如果能用日语自由交谈，我也许会由衷地喜欢上日本。"（N）

*"在俄罗斯的时候，我感觉自己和同学有点不一样。我也不知道哪里不一样。来了日本之后，我开始强烈地觉得自己是俄罗斯人。但是，那是因为我生活在日本人当中。（日本人和俄罗斯人）性格不同。"（R）

*"（在俄罗斯）我身边有很多韩国孩子，所以我觉得自己有日本血

统,很特别,很自豪。但是,当我来到日本后发现一切都很新鲜,很难适应。我上小学时只会说"你好"这些简单的问候语,而且因为俄罗斯和日本的文化截然不同,所以也经常和朋友发生冲突。我既是日本人,又是韩国人,还是俄罗斯人。感觉这是根据我的所在地来区分的。爸妈说'作为一个日本人生活吧,你不是从俄罗斯来的人,而是会说俄语的日本人',我想这种生活方式也是有可能的。"(M)

*"我是俄罗斯人。我从来不认为自己是日本人。语言是一种交流方式,是传递和接收信息的工具。我感觉说俄语的自己是'活着'的,日语则按需使用。"(F)

*"我不认为我是日本人。俄语是我的母语。我很高兴自己从小就会俄语。

"但多亏会日语,我才能在日本生活和工作。虽然走到这一步非常辛苦,可会两种语言真是太好了。"(N)

*"俄语是我的母语,但是我身上没有一滴俄罗斯人的血。可虽有日本血统,但我的家庭习俗和传统是高丽风格。从饮食到庆祝活动,一切都按照高丽的习俗进行。所以我是一个高丽人。"(Y)

*"我是俄罗斯的高丽人。也不是完全没有想过自己是日本人。如果和日本朋友在一起,我有时也会觉得自己是日本人。我的母语是俄语和日语。"(O)

*"我有朝鲜和日本的血统,但我从来没有认为自己是朝鲜人。我既是日本人又是俄罗斯人。我认为语言是与人沟通的一种方式。"(K)

*"我是朝鲜人和日本人。我丈夫是高丽人(乌兹别克斯坦籍朝鲜裔)。我和他的母语都是俄语,在家里也使用俄语,和孩子们(在日本出生的归国者第四代)也用俄语交流。孩子们每天都去日本的幼儿园和小学,但星期六去'俄罗斯学校'。"(V)

*"我是一个多面体。角度和光线不同,显示的面也不同。"(A)

上述对库页岛第三代归国者的采访表明,他们的自我认同不是固定的,而是流动的。正如 Tsuda(2009b:243)所介绍的巴西或美国日裔的情况,他们在"回国"前可能有身为日本人的意识,但在"回国"之后,正如调查合作者 N、R 和 M 所描述的,当他们"不会说日语""不理解日本文化"时,就会觉得"我不是日本人"。然而,这种自我感觉并非固定的。例如,N 猜测随着日语水平的提高,对日本文化的理解也会加深,自己也会有所改变。

这也表明,民族背景、自我认同与语言虽有联系,但并不相同。拥有日本和朝鲜血统的 K 说她是日本人和俄罗斯人。没有俄罗斯血统的 O 认为自己是"俄罗斯的高丽人"。F 也认为自己是俄罗斯人,虽然他具有日本民族背景。民族身份是建立自我身份的第一步,之后,每个人都要通过各种各样的经历来找到"我是谁"的答案。

对他们而言,俄语和日语是不同场合的交流工具。此外,日语是通向日本文化和生活的"钥匙",这一点从 N 的叙述中可以清晰得知。从 O、Y、V 的访谈中可以看出,他们对母语的认识和自我认同并无直接联系。例如,O 感觉自己是"俄罗斯的高丽人",但却说他的母语是"俄语和日语";而 Y 明确表示"虽然母语是俄语,但我不是俄罗斯人"。

# 6. 结 语

本文以从小在多文化和多语环境中成长的库页岛归国者青年一代为对象,概述了"回到"日本札幌市后这些外国学生的情况,并通过问卷和访谈对他们进行了调查,明确了他们自我身份、语言使用和语言学习相关的观点。

从本文研究的库页岛归国者的事例可以得出以下结论。库页岛归国者的民族背景是日朝(俄)或日俄,青年一代归国者意识到自己具有多重民族背景。他们自我民族认同的意识是多样的、流动的,这种意识是在家庭、俄罗斯社区(学校等)、日本社会的影响下形成的。这意味着库页岛归国者青年一代是跨民族的群体,如同川上(2013:4)介绍的巴西日裔等群体的移动的儿童。但是,对库页岛归国者而言,语言是一种交流工具,与民族意识并不直接相关。即使语言能力与民族身份不相符,也不会产生违和感。库页岛归国者思维灵活的一个原因是,移民和库页岛残留者经历了日本统治时期和苏联时期,至今是一个在民族血统和语言能力传统上相互交融的社会。归国者将这种多元文化、多语社会的模式带到移居地日本,并在具有多元文化背景的俄罗斯学校进一步发展。我们今后的课题是长期追踪这些库页岛归国者青年一代在日本社会成长过程中相关认识的变化。

# 参考文献

青木麻衣子・パイチャゼ、スヴェトラナ・遠山樹(2014)「留学生の子どもが抱える教育上の困難を考える：留学生受け入れ推進施策とその環境整備をめぐって」『北海道大学大学院教育学研究院紀要』第121号、pp.91-106.

蘭信三編(2009)『中国残留日本人という経験』勉誠出版。

ヴィゴツキイ、レフ(2006)『記号としての文化—発達心理学と芸術心理学(叢書・二十世紀ロシア文化史再考)』(柳町裕子・高柳聡子訳)水声社。

川上郁雄(2013)「『移動する子ども』学へ向けた視座：移民の子どもはどのように語られたか」川上郁雄編『移動する子どもという記憶と力』くろしお出版、pp.1-42.

玄武岩・パイチャゼ、スヴェトラナ(2016)『サハリン残留—日韓ロ百年にわたる家族の物語』高文研。

千葉美千子・パイチャゼ、スヴェトラナ・杉山晋平(2011)「外国人・帰国児童生徒に対する教育支援の在り方—NPOの媒介的機能に関する考察」多文化関係学会編『多文化社会日本の課題』明石書店、pp.138-157.

趙衛国(2010)『中国系ニューカマー高校生の異文化適応—文化的アイデンティティ形成との関連から』御茶の水書房。

パイチャゼ、スヴェトラナ・杉山晋平・千葉美千子(2012)「非集住地域における外国人・帰国児童生徒の教育問題：札幌市を事例として」『移民研究年報』第18号、pp.151-161.

バフチン、ミハイル(1976)『マルクス主義と言語哲学—言語学における社会学的方法の基本的諸問題』(桑野隆訳)未来社。

Hyun, Mooam & Paichadze, Svetlana (2015) Multi-layered Identities of Returnees in Their 'Historical Homeland': Returnees from Sakhalin. S. Paichadze & P. A. Seaton (eds.) *Voices from the Shifting Russo-Japanese Border*. London: Routledge, pp.195-211.

Nakayama (2019) Японцы на Сахалине: формированне распад японского сообщества переселенцев на Карафуто. Пайчадзе С.С. & Вальдман И.А. (ред) *Россиит истраны АТР: миграционные процессы и проблемы межкультуриой коммуникации. Азия в России.* Новосибирск: НГТУ, pp.201-224.

Paichadze, Svetlana (2015) Language, Identity and Educational Issues of 'Repatriates' from Sakhalin. S. Paichadze & P. A. Seaton (eds.) *Voices from the Shifting Russo-Japanese Border*. London: Routledge, pp.212-232.

Paichadze, Svetlana & Din, Yulia (2014) A Comparison of General and Specific Features of Russian Schools in Sapporo and Seoul. *The Journal of International Media, Communication, and Tourism Studies*，18：91-114.

Tsuda，Takeyuki（2009a）Ethnic Return Migration：A Global Phenomenon. Tsuda T.（ed.） *Diasporic Homecomings*，*Ethnic Return Migration in Comparative Perspective*. Redwood City：Stanford University Press，pp.1-43.

Tsuda，Takeyuki（2009b）Global Inequities and Diasporic Return. Japanese Brazilian Encounters with the Ethnic Homeland. Tsuda T.（ed.） *Diasporic Homecomings*，*Ethnic Return Migration in Comparative Perspective*. Redwood City：Stanford University Press，pp.227-259.

# 巴西人聚居地区居民的多国籍化、多语化

## ——以群马县大泉町为例[①]

拜野寿美子

## 1. 引　言

众多巴西人移居日本以来已有30年。以"巴西城"而闻名的群马县大泉町内,巴西居民约占总人口的10%(截至2017年11月底为4146人)。该镇旅游协会也把"巴西"和"巴西人"作为主要旅游资源活用在各种活动和土特产销售中。[②]

"巴西城"内居民的多国籍化正在不断发展。截至2017年11月底,共有47个国籍的居民居住在这里,其中与巴西人同期入境的秘鲁人有991人,尼泊尔人在1996年时仅有1人,而现在则增至759人(按照人数,其后依次是菲律宾人268人,越南人260人)。[③]该镇的外国居民比例超过了雷曼危机之前(16.74%),高达18.13%。在居民的多国籍化、多语化面前,大家公认的占多数的外国居民"巴西人"以及他们的主要使用语言"葡萄牙语"的地位发生了怎样的变化呢?

基于这一问题意识,本文将以大泉町的事例为中心,探讨当地日本居民与"巴西人""葡萄牙语"的关系,并考察"巴西人"自身如何看待和应对当地的多国籍化、多语化现象。

在考察时,除已有研究外,我们还使用了在大泉町实施的实地调查(2018年1月和2019年4月)所收集的数据。此外,为考察日本居民与"巴西人""葡萄牙

---

① 本文是科研项目(编号为15K04379和编号为19K00807的基础研究C)的阶段性研究成果。

② 引自大泉町旅游协会官方网站,参见 www.oizumimachi-kankoukyoukai.jp/index.html (2018年1月25日访问)。

③ 平野(2019)指出,大泉町的尼泊尔人大多为技能实习生和留学生。

语"之间的关系,笔者也一并使用了另一项问卷调查中收集的数据,该调查实施于由东京都举办的以社会人士为对象的葡萄牙语讲座(2011—2018年度开设的讲座)。

## 2. 大泉町内外国居民的增加与多国籍化

在全国外国居民比例最高的群马县大泉町及其相邻的太田市,有许多大型家电制造商和大型汽车制造商及其关联企业。自20世纪80年代后半期起,这些企业的用工荒问题一直通过外国劳工来解决[关于引进外国劳工的过程,参见小内·酒井(2001)]。其中,大泉町因为有众多巴西人在此短期聚居,处于"先于其他地方政府和国家的政策……迫不及待希望实现'共生'的状态"(藤原,2019:194),尽早地实施了"多文化共生的城镇"这一城镇政策。针对巴西人的商业活动增加了"葡萄牙语"的曝光率,大规模的桑巴舞游行也得以举行,因此该镇也作为巴西城而闻名全国。①

如上所述,大泉町的多国籍化正在不断发展(参见表1)。铁路东武小泉线西小泉站汇集了较多巴西人的民族特色商店,为配合2017年开始的改建,作为城市的西部门户,西小泉站的标识(图1)使用了多种语言。车站一带开设了提供清真食品的亚洲餐厅,招牌上画着象征多国籍城市的万国旗。从曾经的巴西环球会(Igreja Universal)入驻的车站出发大约3分钟车程,142号群马县道旁的建筑物已经变成了印度、尼泊尔餐馆(图2)。由表1可知,近几年尼泊尔居民的增加速度令人瞠目结舌,这种外国居民构成的变化也显著地体现在城市景观上。表1中"其他"的外国居民也因2008年雷曼危机而一度减少,但截至2017年11月底,与2009年相比有翻倍的趋势。

表1 大泉町外国居民人口变化

单位:人

| 国籍 | 1989年 | 1990年 | 1991年 | 1996年 | 2004年 | 2008年 | 2009年 | 2011年 | 2012年 | 2013年 | 2014年 | 2015年 | 2016年 | 2017年 |
|---|---|---|---|---|---|---|---|---|---|---|---|---|---|---|
| 巴西* | 277 | 821 | 1382 | 3273 | 4864 | 5140 | 4676 | 4419 | 3920 | 3908 | 3986 | 4026 | 4119 | 4146 |
| 秘鲁 | 51 | 175 | 289 | 521 | 787 | 857 | 844 | 855 | 860 | 882 | 949 | 933 | 961 | 991 |

① 例如,从《群马县巴西小镇居住体验:结交拉丁朋友的奋斗记》(中川,2014)一书的书名就可以看出,这本书主要描述作者在大泉町生活期间尝试交朋友的经历。

续表

| 国籍 | 1989年 | 1990年 | 1991年 | 1996年 | 2004年 | 2008年 | 2009年 | 2011年 | 2012年 | 2013年 | 2014年 | 2015年 | 2016年 | 2017年 |
|---|---|---|---|---|---|---|---|---|---|---|---|---|---|---|
| 尼泊尔 | 0 | 0 | 0 | 1 | 25 | 30 | 27 | 82 | 165 | 207 | 243 | 426 | 631 | 759 |
| 菲律宾 | 49 | 62 | 64 | 113 | 212 | 157 | 170 | 188 | 187 | 190 | 205 | 197 | 208 | 268 |
| 越南 | 8 | 7 | 7 | 6 | 5 | 3 | 3 | 10 | 28 | 41 | 36 | 114 | 174 | 260 |
| 中国 | 26 | 46 | 130 | 68 | 99 | 348 | 194 | 137 | 144 | 169 | 242 | 241 | 227 | 213 |
| 玻利维亚 | 0 | 0 | 31 | 21 | 94 | 119 | 112 | 125 | 139 | 185 | 175 | 168 | 177 | 172 |
| 其他 | 212 | 204 | 263 | 300 | 386 | 428 | 398 | 421 | 416 | 468 | 541 | 612 | 683 | 795 |
| 合计 | 623 | 1315 | 2166 | 4303 | 6472 | 7082 | 6424 | 6237 | 5859 | 6050 | 6377 | 6717 | 7180 | 7604 |

*巴西人口1986年为0,而1988年为36人。

笔者根据大泉町(2017)制作而成,其中历年数据截至每年12月31日。2017年数据截至2017年11月30日。

图1　西小泉站的标识

图2　县道旁的印度、尼泊尔餐馆

## 3. 大泉町对居民的多国籍化和多语化的应对措施

居住在该镇的外国居民以"葡萄牙语"作为交流的通用语(斋藤,2015),由此可见,葡萄牙语是外国居民获取有效信息的语言,其重要程度仅次于日语。虽说多国籍化、多语化在不断发展,但直至今天,城镇信息还是最先被翻译为葡萄牙语,街道办事处等也以日语和葡萄牙语的双语标记为主。该镇内的多文化共生社区中心官方网站有日语版和葡萄牙语版,外语印刷媒体的宣传杂志也只有葡萄牙语版的 *Garapa*[关于镇政府如何应对外国居民的相关内容,参见加藤(2011)、野山(2007)等]。设置在镇内的垃圾收集站和公园的告示也使用了日语和葡萄牙语双语(图3)。此外,街道办事处的官方网站采用了自动翻译系统,使用者可以从葡萄牙语、西班牙语、尼泊尔语、英语、汉语、朝鲜语中任选一种语言进行翻译后获取信息。

图3 双语告示

以服务居民为主要业务的行政部门的信息正在向多语化发展,那么行政部门以外又有怎样的应对方式呢? 例如,房屋中介的名称使用了葡萄牙语(图4),西小泉站附近的蔬果店用葡萄牙语标注商品,这些都说明日本企业以及日本人经营的商店把巴西人当作发展客源的好机会。在普通地区居民中,有人认为面向巴西人的民族商业的发展会给街区带来活力,这有助于地区振兴,所以对此表示欢迎;也有人认为通过小规模的居民组织的协作,与巴西人居民的共生也在不断发展(萩原ほか,2009;大泉町,2018a)。由此可知,巴西居民在某种程度上已经被当地接纳。

如此,既有努力吸引巴西顾客的日本店主,也有喜爱巴西商店的日本居民。但与此同时,超市里的注意事项(图5)、普通企业墙壁上贴着的监控注意事项、投币式洗衣房内洗衣机的相关注意事项(图6)等许多地方依然使用日语和葡萄牙语双语书写。由此可知,还是有一部分日本人对巴西居民持有负面印象①,也有可能是制作这类(针对不文明行为的)注意事项的当事人还未适应城市的多国籍化、多语化。②

图4 葡萄牙语名称的
房屋中介

图5 超市里的
双语标识

图6 洗衣房里的
双语标识

无论好坏,巴西人占外国居民的大多数这一认识似乎已经深入人心。当然,也有人反对这种认识。正如丸山(2014)所述,有许多当地居民说:"如果按国家数来算,(这里的外国人)来自10多个国家,所以若硬要强调巴西估计也会有居民反对,会质疑为何总是桑巴舞。"也有居民说:"若仅用巴西来实现城镇振兴,[游客]就不会来了吧? 所以必须以多国籍化这一点来吸引游客。"(丸山,2014:63)

似乎是为了安抚居民的这种情绪,大泉町的旅游资源由"巴西"扩大到"国际"的趋势越发明显。大泉町旅游协会发行的城镇旅游地图上赫然写着"国际城镇""拥抱世界——大泉"这样的标题,且介绍了镇内的特色商店(与巴西有关的商店和企业有30家,尼泊尔7家,秘鲁4家,中国台湾3家,土耳其2家,印度尼西亚和巴基斯坦各1家,但这并非全部)。"大泉嘉年华"每年举办一次,主要活动就是巴西的桑巴舞,但最近下述舞蹈与桑巴舞合并为"国际嘉年华",如秘鲁的马里涅拉舞、印度尼西亚舞蹈、俄罗斯民族舞、本地居民的草裙舞以及由本

---

① 高桥(2018)指出,根据过去在镇内发生的事件等,一旦发生犯罪事件,首先就会怀疑巴西人。大泉町的市民意识调查中,对于"想和外国人交流,或加深交流吗?"这一问题,回答"不想"的人(39.9%)超过了回答"想"的人(30.7%)(大泉町,2018b:34)。

② 房地产公司最近刚设置的停车场内崭新的禁止擅自停车的注意事项,使用日语、葡萄牙语和英语三种语言表示(2019年4月28日)。

地偶像、镇内幼儿园老师们带来的冲绳EISA舞[①]等。此外,为吸引游客而每月举办的与嘉年华同规格的"活力四射的世界美食街"(2010年起举办)活动上,有售卖各国食物的小摊。不过,并非所有摊主都是镇内居民,大约有一半摊主是镇外来客(根据笔者2018年1月对大泉町旅游协会职员进行的采访)。由此可知,无论从旅居年数还是人口数量来看,外国居民中多数都是巴西人,并且行政部门和居民已经意识到城镇的多国籍化和多语化,并将其当作旅游资源加以使用。

## 4. 服务巴西客户的商业用语情况

本小节主要介绍大泉町内面向巴西人的民族商业活动中所使用的语言。关于巴西人和日本居民的共生以及融入日本社会的相关研究,迄今为止已有很多。特别是巴西人的日语学习,一直是研究的课题。有人指出,巴西人在多个领域开展民族商业活动,而对于日语学习却并不积极,其实在聚居地学习日语是社会团结不可缺少的一部分。有报告指出,巴西人与日本人的交流不频繁(中東,2014);也有报告指出,日本人不希望与巴西人居住在相同社区(山本,2015)[②]。话虽如此,在雷曼危机之后,巴西人普遍开始认识到学习日语的重要性。这不仅是为了让失业的巴西人再就业。由于作为服务对象的巴西人很多都回国了,因此之前阻碍巴西人学习日语的主要原因——面向巴西同胞的民族商业自身迫切需要将服务对象扩大到日本人,于是他们开始重视日语的学习。现如今,既出现了在招牌上写着"可以使用日语"的巴西服装店(图7),也出现了入口处用日语写着"欢迎"的巴西教会(图8)。面向巴西人的超市店员若意识到客人是日本人,就会使用日语来接待。[③]从他们的语言使用中也可以看出,他们

---

① EISA舞(エイサー)是日本冲绳夏季盂兰盆节期间举办的传统舞蹈活动,每年8月中旬举行。活动以鼓舞、手舞和"京太郎"舞为核心,配合大鼓、高音鼓和小鼓三种乐器,形成独特的表演形式。——译者注

② 本报告探讨的是为了避免与巴西居民共生而产生各种问题,主张隔离的日本居民。

③ 冈山县总社市城镇规模远小于大泉町,根据在该地开展的调查结果,截至2012年,许多巴西人的语言生活仅限于葡萄牙语。其使用日语的场合大多是工作场所,而在家庭和宗教生活中,葡萄牙语仍然是主要使用的语言。但通过调查可知他们也有学习日语的意愿,也希望能与日本人进一步交流(中東,2014)。大泉町内面向巴西人的商店店员之所以使用日语,或许不仅是为了接待日本居民,更是为了接待大量前来体验"巴西城"风情的日本游客。巴西人2年前开的肉店主招牌使用日语,收银员也使用日语(于2019年4月28日调查)。该店的官方网站除了葡萄牙语外,还有自动翻译,可以自行选择用日语浏览。由此可知,该店自开业之初就有意识地接待日本客人。参见https://ikiruchikara.shop/(2019年5月22日访问)。

想拉拢日本顾客。

图7  巴西服装店  　　　　　图8  巴西教会

　　此外,从用葡萄牙语命名公寓这一事例也可得知,当地社会也将巴西人群体视为重要顾客。日本企业为了吸引巴西顾客,不仅是雷曼危机后仍滞留在日本的巴西人,而且将自2016年起在全国范围内激增的巴西居民也变为其雇佣对象,他们积极雇佣在日本出生的或幼年时来到日本且在日本学校接受教育的会日语及葡萄牙语双语第二代移民(基于2018年1月对大泉町旅游协会职员的采访以及2018年7月对笔者负责授课的葡萄牙语学员的采访),并将他们的双语作为语言资源加以重用(拜野,2014)。大泉町内免费向巴西人发放的日语指南(*Guia JP*)上,刊登着能使用葡萄牙语接待客户的日本企业的广告信息,其中主要有智能手机公司,也包括(叉车等的技能讲习所、二手车收购店、房地产公司、保险代理店、行政书士事务所、牙科医院)等公司,并标明企业内有熟练掌握葡萄牙语、西班牙语、英语等语言的员工。在聚居地的服务行业,日语和葡萄牙语的双语能力逐渐成为有利的就业资源。

　　目前,工厂等巴西人主要就职的单位的招聘广告上,依然要求应聘人员能应对地区多语化。人才派遣企业为招聘工厂工作人才所制作的广告,过去几乎均使用葡萄牙语,以招聘巴西人为主。但现在许多广告会并用葡萄牙语和英语,甚至还会加上日语(参见*Guia JP*)。不以日本人求职者为主要对象的媒体,却用日语标记,这其实不是针对日本人,而是迎合不懂父母母语的第二代外国移民。

巴西人使用英语有一种有趣的倾向。在认识到日语重要性的同时,巴西人也意识到学习英语的必要性。在日本度过学龄期的聚居地第二代移民中,有人意识到菲律宾人、尼泊尔人等地区居民的多语(多国籍)化,因此他们不仅学习日语,还开始努力学习英语(拜野,2014)。Oda(2012)指出这样一个事例,巴西人因为感受到日本人对外国人持有的刻板印象(外国人会说英语)以及等级观念(来自发达国家的、说英语的人地位高),而开始努力学习英语。①日本有针对巴西人的英语口语培训班,也有免费教授日本人英语以发展信徒的巴西教会等(图9)。英语被视为吸引日本人的工具。

作为多国籍外国居民的交流工具,英语也被广泛运用于巴西人的商业活动中。巴西店主以及企业家占了外国居民的大多数,他们中早就有人开始考虑将服务对象扩大到多国籍居民,而不仅限于日本居民。142号群马县道旁有一所帮助学员考取驾照的学校,学校标识上放有菲律宾、秘鲁、土耳其等国的国旗,这意味着该校能使用多种语言接待客户。

在同一条街道旁,有一家在日巴西人创办的销售公司,该公司的经营范围很广,包括 WiFi 租赁和电子产品售卖等。该公司不仅为外国居民提供葡萄牙语、西班牙语、英语和他加禄语的服务,还以相对宽松的条件与巴西人等在日外国人签订特许经营合同。②他们灵活运用针对巴西居民开展商业活动时所积累的经验,将服务对象扩大到其他外国居民。由此可知,雷曼危机后巴西人的民族特色业务迅速转向吸引日本客户,如今也能灵活应对地区的多语化。此外,近年来迅速发展的亚洲餐厅的招牌几乎都是英语和日语的双语标识,很难看到同时使用葡萄牙语的招牌(图10)。可以看出他们的目标客户更偏向日本人,而非巴西人。

---

① 有报告指出,大泉町的部分工作人员也表示,在巴西居民刚开始增加的时候,因为他们不懂英语而感到烦恼(加藤,2011:68)。

② 引自 AKIHABARA Japan Shop 官方网站,参见 https://www.akihabarajapan.jp/(2019年6月5日访问)。

图9 写有"免费英语对话"
的教会告示

图10 亚洲餐厅的双语招牌

# 5. 多国籍化进程中的居民关系

在多国籍化不断发展的背景下,在大泉町以外的地区,巴西人又与其他外国居民有着怎样的关系呢?静冈县烧津市原本是巴西人的聚居地,现在菲律宾人居民正在逐渐增加。高畑对这里进行了调查,并指出巴西人和菲律宾人是前后辈关系。菲律宾人继承并使用了针对巴西儿童的教育基础设施,从而得到一些恩惠。但在工作岗位方面,巴西人拥有优先权,由此可以看出他们在集体层面的主从关系(高畑,2019:94)。也有人指出,在大泉町,巴西人也认为新来的亚裔居民是廉价劳动力,因此对他们保持警惕。T先生从20世纪90年代起一直从事巴西儿童的母语教育工作,他说,随着城镇的多国籍化,特别是随着越南人和尼泊尔人的增加,虽然有些巴西人将此视为商机,但也有些巴西人担心有限的工作岗位会被更低工资要求的亚裔居民抢走。和T先生一样,镇上有影响力的政治家M先生也对此表示担忧,并说道:"越来越多的巴西人开始遵守生活规则,希望他们能发挥模范带头作用。也有许多巴西人以定居为目的在社区里买房。他们希望自己的工作岗位不要因为亚洲面孔比较有亲近感,或者薪水比较低而被抢走。因为他们也有房贷压力。"(以上均来自2019年4月28日笔者的采访)也有报道称,实际上大泉町的劳动力雇佣正在从日裔转向技能实习生(森川,2018:33;高桥,2018:123-124)。①烧津市的"巴西人的优先权",也可能会受到日本雇佣者上述动向的影响,因为他们认为亚洲居民具有亲和性,且想要优先确保廉价劳动力。此外,正如M先生所言,有的日本居民期待巴西人作为当地外国居民的"老前辈"能发挥带头作用;也有日本人认为在当地居民中,比起作为新势力出现的亚洲居民,已经在此生活了30多年的巴西人更有亲和力(来自对T先生的采访)。甚至有日本人为了与巴西居民沟通交流而努力学习葡萄牙语。

# 6. 学习葡萄牙语的日本人

在巴西人聚居地区,有许多面向当地居民开设的葡萄牙语培训班。②聚居地区的大学也给学生提供机会,让他们可以选修葡萄牙语。在爱知县和静冈县等巴西人聚居地周边的大学内,有日本学生察觉到葡萄牙语将会是"地域需求"(二井,2013:12),因此主动开始学习葡萄牙语等,关于学习动机的调查研究也层出不穷(江口·ホリウチ,2017;三村·ホリウチ,2013;高阪,2012)。

日本居民学习葡萄牙语的意愿与和巴西居民的接触和交流不无关系,且这一倾向并非仅限于聚居地区。笔者负责授课的首都圈大学以及面向社会人士的讲座中,葡萄牙语的学习者也不例外。在此,笔者想介绍一下初学葡萄牙语的社会人士的代表性心声。大学生从有限的选修课程中选择葡萄牙语并以取得外语学分为首要目的,而社会人士则完全不同,大多数情况下他们都是自己挤出时间和费用"特意"学习葡萄牙语。以下是笔者在负责面向社会人士的葡萄牙语课程(入门级)时了解到的学员学习动机。笔者在首次课程中,就葡萄牙语的学习动机和目标实施了问卷调查。一直以来,有众多社会人士出于巴西文化(巴萨诺瓦音乐、桑巴舞、卡波耶拉、柔术等)的魅力和工作上的需要(在巴西等葡萄牙语圈国家的派驻员及其同行、研究调查等)前来听课。但是,笔者想特别介绍一个事例,即与在日巴西居民的接触成了他们学习葡萄牙语的动机。

---

① 鈴木(2019)指出其理由为,与有"身份"或"地位"合法留在日本,即使失业也不会失去在留资格的日裔及其家属相比,日本社会正在利用3或5年短期技能实习生的高度便利性作为使年轻劳动力轮换的就业调节阀。

② 大泉町于2018年实施的面向居民的调查中,有人要求镇政府提供"与外国人交流的机会以及教授葡萄牙语的场所"(大泉町,2018a)。

## 6.1　与巴西人交流的契机

葡萄牙语培训班中每年都有伴侣或配偶是在日巴西人的学员。除此以外，也有部分学员因曾经居住的地方有较多巴西人而开始学习葡萄牙语。

> "以前住的岐阜县有许多日裔巴西人，所以我想自己要是能说葡萄牙语就好了。"（2018年度学员）
>
> "我老家在群马县太田市，那里也有许多巴西人。"（2013年度学员）
>
> "我住在静冈县滨松市的时候交到了许多巴西朋友。"（2013年度学员）

上述理由中引人关注的是，这3名学员并非在现在的居住地，而是在过去的居住地与巴西人有过接触与交流，并以此为契机继续学习葡萄牙语。让笔者印象深刻的一点是，他们大抵是对巴西人说的葡萄牙语感兴趣，因此搬家后也一直保持着这种兴趣。这是移民语言及其使用者促进周边居民多语化的具体事例，值得我们关注。

## 6.2　为教育援助贡献力量的动机

此外，一些学员通过与巴西人的直接交流，特别是参加与巴西相关的儿童教育援助工作时，觉得有必要开始学习葡萄牙语。

> "因为我想在学校和来自巴西的孩子沟通交流。"（2017年度学员）
>
> "我想对日语教学以及与朋友的交流有所帮助。"（2017年度学员）
>
> "我想当志愿者，给在日本的外国学生教日语，所以考取了证书。……想趁现在先接触巴西葡萄牙语。"（2015年度学员）
>
> "我是第三代日裔巴西人，出生2个月后来到日本。虽然能听懂并理解一些葡萄牙语对话，但我想将它作为母语好好学习，提高自身能力。我想教不会日语的巴西人日语。"（2011年度学员）

这些都是学员们的心声，他们在千叶县和神奈川县等地的教育机构接触到与巴西相关的儿童。作为教育援助者，他们为了学日语的孩子们主动学习葡萄牙语。

上述最后一个事例,虽然其目的是为不懂日语的巴西孩子提供日语教育援助,但也成了第二代在日巴西人重新学习自己母语(继承语)的机会。[①]

如前所述,有些日本人认为巴西人爱惹麻烦。但通过上述想要学习葡萄牙语的学生和社会人士的事例可知,也有居民把巴西人当作朋友和伙伴,把他们使用的葡萄牙语当作交流的工具,认为葡萄牙语是有助于就业的"地域需求"。这是移民语言被当地居民肯定、积极接受的佐证。如此,我们需要30年的岁月去验证,作为该地区外国居民"前辈"的巴西人以及他们的语言对日本居民多语化的影响。从葡萄牙语在地区内的地位变化也可知,今后,除巴西人以外的外国居民的语言作为"地域需求",有可能成为日本居民的语言资源。

## 7. 结 语

笔者想再次强调,在大泉町,"巴西人"和"葡萄牙语"依然是多国籍化、多语化的中心。街道办事处发放挂历的通知(图11)以及多文化共生社区中心主页都是日语和葡萄牙语双语标记,这使得不懂日语的外国居民能通过葡萄牙语迅速获取有利信息。然而,从丢垃圾的注意事项以及超市的注意事项都只有日语和葡萄牙语的标记可知,巴西人(葡萄牙语使用者)也被视作形象负面的少数派。相反,也有一些日本企业和商店把巴西人视为重要客户而开展服务。除这些倾向以外我们还可以看到,巴西企业家不仅吸引日本顾客,还抓住了地区居民的多国籍化这一商机,逐步推进多语化服务。在大泉町,日本居民对外国居民的关注仍然集中在"巴西人"身上,其实,外国人早已将城市的多国籍化、多语化运用到商业活动中,就连第二代巴西人也意识到了这一点。与此同时,也有一些巴西人担心自己的工作会被抢走。但笔者认为,外国居民自身应将居民的

---

① 此外,"因为我的家人是日裔巴西人,住在巴西,所以我也想理解并学会说葡萄牙语"(2016年度学员),"因为有亲戚在巴西(居住在圣保罗的日裔第二代、第三代),所以我想学会葡萄牙语以便日常交流"(2015年度学员),"因为想和在巴西的亲戚(第三代)说话"(2014年度学员),"我出生在巴西,一直在那儿生活到了4岁。虽然现在已经忘记葡萄牙语了,但是因为曾经使用过所以很感兴趣。我希望能用优美的发音进行日常对话"(2014年度学员),"想用葡萄牙语和[巴西的]奶奶对话。我想去巴西","我的母亲是巴西人,但我在日本出生长大,至今没有学习过葡萄牙语。我想用葡萄牙语和巴西的家人交流,因此下定决心开始学习"(2011年度学员)。诸如此类,便是在日巴西人第二代的心声。

多语化和多国籍化视为机遇,尽早积极应对。

　　也有事例表明,自己居住地区有巴西人成了日本居民学习葡萄牙语的动机。这一点可能会体现在今后日本年轻人的语言学习选择上,当他们察觉到地域多国籍化、多语化的趋势时,会做出相应的语言学习选择。今后,笔者也会以此作为多语化不断发展的日本的先行事例持续关注,考察外国居民使用的"移民语言"给居民的多语化带来的影响。

　　此外,插句题外话,"巴西城"的象征——面向巴西人的超市里陈列的商品,其生产和制造地都是多国籍的。我们作为游客,通过购买那里的"巴西风格的产品"来体验"巴西"。例如,超市里售卖的以公斤为单位的牛肉、秘鲁产巧克力面包、厄瓜多尔产棕榈芯(棕榈树的芯)等。巴西人喜欢吃的三明治里夹的奶酪是丹麦产的,火腿是日本产的(图12)。"巴西城"的构建花了约30年的时间,或许在这30年间,支撑"巴西"二字的就是城镇内的居民以及商品等的"多国籍化"吧。最后,今后"去巴西城"进程的相关事宜也值得我们考察。

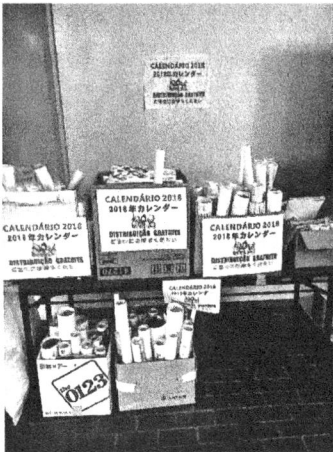

图11　发放挂历的
双语通知

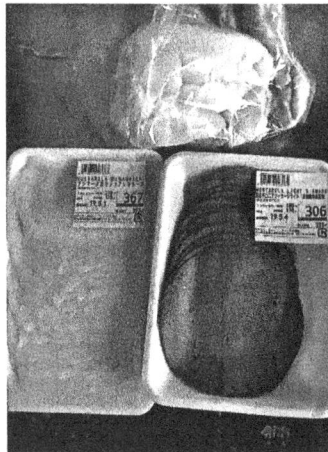

图12　当地售卖的
奶酪和火腿

# 参考文献

江口佳子・ホリウチ、アリッセ イズミ(2017)「多文化共生に向けた大学におけるブラジル・ポルトガル語教育について」『常葉大学教育学部紀要』第37号、pp.329-345.
藤原奈津子(2019)「外国人集住地域における多文化共生の今とこれから―ブラジルタウ

ン群馬県大泉町を参照例として」李修京編著『多文化共生社会に生きる—グローバル時代の多様性・人権・教育』明石書店、pp.194-199.

拝野寿美子(2014)「在日ブラジル人第二世代とポルトガル語—母語・継承語の維持とその資産性に関する試論」東京学芸大学国際教育センター『海外子女教育の新展開に関する研究プロジェクト報告書—新しい補習授業校の在り方を探る』東京学芸大学国際教育センター、pp.108-126.

平野雄吾(2019)「『日本語も母語も中途半端』そんな子どもたちのために。大泉の『ブラジル人学校』23年間の軌跡」『ニッポン複雑紀行』2019年5月9日付、https://www.refugee.or.jp/fukuzatsu/yugohirano01.(アクセス日2019年5月23日)

加藤博恵(2011)「外国人集住率が一五%を超える大泉町」三田千代子編著『グローバル化の中で生きるとは:日系ブラジル人のトランスナショナルな暮らし』上智大学出版、pp.67-86.

高阪香津美(2012)「大学生はポルトガル語学習をどう捉えているか—『ポルトガル語I』の履修者を事例に」『ことばの世界:愛知県立大学高等言語教育研究所年報』第4号、pp.103-113.

丸山奈穂(2014)「外国人街の観光地化と民族関係:群馬県大泉町のブラジル人街を例に」『地域政策研究』第17巻2号、pp.57-68.

三村友美・ホリウチ、アンドウ アリッセ イズミ(2013)「大学におけるブラジル・ポルトガル語教育に関する研究報告—第2外国語としてのブラジル語教育の需要増加およびスペイン語既習者対象のブラジル語教育への試案」『常葉学園大学研究記要(外国語学部)』第29号、pp.83-112.

森川郁子(2018)「外国人移住の先進地域リトルブラジルは転換期」『週刊東洋経済』第6772巻、pp.32-33.

中川学(2014)『群馬県ブラジル町に住んでみた:ラテンな友だち作り奮闘記』KADOKAWA/メディアファクトリー。

中東靖恵(2014)「岡山県総社市に暮らすブラジル人住民の言語生活—外国人住民の日本語学習支援を考える」『社会言語科学』第17巻1号、pp.36-48.

二井紀美子(2013)「ポルトガル語を履修する理由」『教養と教育』第12号、pp.10-12.

野山広(2007)「集住地域の言語サービス:群馬県太田市・大泉町の場合」河原俊昭、野山広編著『外国人住民への言語サービス:地域社会・自治体は多言語社会をどう迎えるか』明石書店、pp.30-46.

萩原太一・杉田早苗・土肥真人(2009)「群馬県大泉町における日系ブラジル人の定住化に関する研究—空間構造と社会構造の変容から」『都市計画論文集』第44巻3号、pp.139-144.

大泉町(2017)「大泉町外国語住民数の推移」。

大泉町（2018a）「大泉町総合計画に関するアンケート調査」https://www.town.oizumi.gunma. jp/01soshiki/02kikaku/0lkikaku/images/tyousal.pdf.（アクセス日2019年6月27日）

大泉町（2018b）「町民満足度・意識調査結果報告」https://www.town.oizumi.gunma.jp/ 01soshiki/02kikaku/01kikaku/images/H30manzokudo.pdf.（アクセス日2019年6月27日）

小内透・酒井恵真編著（2001）『日系ブラジル人の定住化と地域社会：群馬県太田・大泉地区を事例として』御茶の水書房。

斎藤敬太（2015）「ブラジル人集住地域のリンガフランカ—群馬県大泉町と三重県伊賀市の比較」『日本語研究』第35号、pp.43-57.

鈴木江里子（2019）「外国人労働者受け入れの歴史と入管法改正：都合の良い労働力に依存する地域をどう変えるか」『Posse』第41号、pp.28-35.

高畑幸（2019）「静岡県境津市におけるブラジル人とフィリピン人：教育的課題を中心に」徳田剛・二階堂裕子・魁生由美子編著『地方発外国人住民との地域づくり：多文化共生の現場から』晃洋書房、pp.82-96.

高橋幸春（2018）「外国人比率トップ群馬県大泉町の悲鳴：眼界を迎えた"移民の町"のいまを追った」『文藝春秋』第96巻11号、pp.116-125.

山本直子（2015）「外国人集住地域における日本人住民の共生意識—H団地の調査から」『慶應義塾大学大学院社会学研究科紀要』第79巻、pp.53-68.

*Guia JP* Edicão 59, maio 2019, Plus Media.

Oda, Ernani（2012）Cultural Citizenship and the Hierarchy of Foreign Languages：Japanese Brazilians' Views on the Status of English and Portuguese in Japan. Nanette Gottlieb（ed.）*Language and Citizenship in Japan*. London：Routledge， pp.137-154.

# 法庭口译与跨文化交流

## ——正确的口译与跨文化"翻译"①

吉田理加

## 1. 引 言

所谓"法庭口译",就是将不懂日语的外语使用者出庭时的对话从日语翻译成外语,反之亦如此。每次审判时,法院都会要求语言口译人员配合完成审判。

如今,日本的法庭口译不仅需要英语,还需要其他语言。根据法务省的《犯罪白皮书》,2017年在法庭上被口译的语言达36种,2016年为40种,2015年为39种。由此可知,不仅是英语,还有汉语、越南语、葡萄牙语、他加禄语、朝鲜语、西班牙语、泰语等多种语言的口译。换言之,可以说法庭正是日本社会多语状况日趋显性化的场所。

在法庭上除了需要口译各种语言之外,怎样的口译才算正确也是一大课题。例如,证人以及被告等人的证言和陈述非常重要,这些都是审判的证据,是认定犯罪事实和量刑的基础。因此,为保持原话和日语译文的一致,翻译必须是"正确的"(最高裁判所事务総局刑事局,2018:1)。并且,正如下一节将要提及的,法律专家认为,要想让原话和译文保持一致,正确的翻译应该将原话"照实口译"。但是,许多研究指出,这种观点抽象化了以口译为基础的法庭谈话实践的社会文化性交流,是"虚构的司法"(Laster & Taylor, 1994:112f; Morris, 1995:30),背离了实际的法庭谈话实践,引发了种种弊端。因为,从传播学的角度来看,话语的意义要置于具体语境才能得以解释,而理论上有无数种"解释"

---

① 在此,笔者向小山亘老师表示诚挚的谢意,他阅读了笔者的初稿,并给了笔者非常有启发性的建议。同时,笔者也借此机会对分享口译体验的各位口译人员表示衷心的感谢。

的可能性。而且,该话语的"意义"产生于两个维度,一是"话语层面"(提及指示性文本),二是"行为层面"(相互行为性文本)(小山,2008)。若将这种"照实直译"视为正确翻译,那么存在于交流内部的原理性特征就被抽象化了。例如:①"翻译"这一行为也是"交流事件";②在极有可能无法用语言说明与"日语"使用者不同的社会文化常识、知识等情况下,使用"外语"的被告或证人用外语进行陈述和说明;③在交流中,不仅有"话语层面"(提及指示性文本),还出现了"行为层面"(相互行为性文本)的意思,若只关注"话语层面"的翻译,或许不能正确传达"行为层面"的"意思"等(Wadensjö,1998;吉田,2014)。

有观点认为正确的法庭口译就是"照实口译",这背离了实际的法庭话语实践,会引发诸多弊端。为了考察这些弊端,本文笔者首先基于传播学"话语"以及"行为"这两个侧面进行说明。此外,我们将日本最高法院事务总局发行的《法庭口译手册实践篇》中提到的"正确的口译"指南与基于传播学的"正确的口译"加以对照,以便考察。

将"照实口译"视为"正确的口译",其实就是文化自我中心主义的表现。即,若对照日本的常识、信仰、价值观等语境对口译的外语证言和陈述进行解释,会导致意识不到存在着宏观语境下的差异(异文化),如不同的信仰、价值观、常识等。法庭上的文化自我中心主义带来的弊端,不仅会产生无法用"照实口译"填埋的语境鸿沟,还会使语言弱者[①](非日语使用者和非标准语使用者等)遭受不公正的待遇。如此一来,对法庭口译的考察不仅适用于外语使用者,也适用于普通的语言弱者。

## 2. 交流的事件模型[②]和元语用

本节,笔者想先简单说明社会符号学派语言人类学中使用的传播理论的"事件模型"(Silverstein,1992;小山,2008,2011,2012)。

所谓沟通,就是发生在社会文化史空间(语境)内的事件,而这个空间的中心存在交流的时空。以"此时、此地"为原点展开的交流中,蕴含着无限的解释

---

① 此处所说的"语言弱者"不仅指外语使用者,也包括日语使用者中使用方言和女性用语等非标准语使用者。因此,仅用日语进行的法庭交流以及同一语言使用者间的普通交流也可从本文获取些许帮助。

② 关于交流事件模型的详细日语解释,参见小山(2008:219-227)。

可能性,且在交流过程中,"话语层面"和"行为层面"两个维度都会产生"意义"。交流参与者通过某种"框架"来把握事件,对照宏观/微观语境来解释其意义(文本)。在外语使用者出庭的法庭上,即使参与者能共享同一空间,也无法共享信仰、常识、专业/社会文化知识等宏观背景。即,我们可以设想,法庭参与者通过不同的框架,对照不同的语境,从"话语层面"以及"行为层面"两个维度来解释法庭上的对话。

如上所述,具有无限解释可能性的事件转变为可解释的过程被称为元语用过程。所谓元语用过程,简而言之,就是解释"行为层面"的过程,即把交流中"行为层面"放到社会文化背景中,从元层面捕捉,继而解释它是"反省"还是"辩解",或是"道歉"等。元语用过程的作用是,以语言意识形态、框架、立足点等元语用装置为媒介,使事件得以"解释"(小山,2008,2011,2016;Silverstein,1993;吉田,2009,2012,2014)。

从下一节开始,笔者将一边介绍《法庭口译手册实践篇》的相关内容,一边探讨基于传播理论的、两个交流维度中备受关注的"话语层面"。然而,就传播理论层面而言,法庭上理想的唯一绝对"正确"的口译,其实是很难达成的。在实际的口译场合,译员们往往会陷入窘境,面临困难。这些情况笔者也会进行介绍和考察。

## 3. 解读《法庭口译手册实践篇》中的"正确的口译"

许多法庭口译人员将最高裁判所事务総局刑事局(2018)的《法庭口译手册实践篇》视为工作指南。本节主要介绍该手册中对"正确的口译"的相关表述,以及基于法院视角的"正确的口译"。

最高裁判所事务総局刑事局(2018)的《法庭口译手册实践篇》指出,法庭口译这一口译业务有别于普通口译,是一种以法庭为对象的极其特殊的口译,除了要具备一般口译所必需的语言能力之外,还要具备法庭口译工作必要的思想准备与知识。[①]该书第一章"刑事审判程序中口译人员的注意事项"中,以问答

---

① 要做好口译,除了具备充分的多语能力之外,还需要掌握口译技能(记忆力和记笔记能力等做口译的技能)、常识和专业知识。然而,最高裁判所事务総局刑事局(2018)却并未提及"口译技能"。由此可见,人们一般认为具备语言能力者,只要学习常识以及专业知识,就可以胜任口译工作。

的形式列举了几个注意事项。其中,在第4-3-9节(6)"询问证人"一项中,就如何翻译列举了20个问答。看了之后,笔者发现多处建议"应该直接口译"。例如,在答非所问时,"请直接口译不一致的回答"(28),意即照实口译出来。而且,该手册还写了如下建议:若证人的回答模棱两可或者改口,也"应该照实口译"。特别提到翻译人员绝对不能对发言内容主观臆断,或者对不想清楚陈述的人进行诱供,且翻译人员不能随意解释含糊的口供,并做出确定的翻译(29)。此外,若证人使用了行业内专用的特殊用语,一般不需要译成普通语言,"必须原封不动地进行口译",若有必要,法官等人会继续详细询问(33)。并且,该书还写到若提问者问错了姓名或数字,也"应该直接口译",指正错误的工作要交给法官、检察官或律师。"请忠实地口译(原话)",不要省略,更不要进行概括(28-29);"请与发言者使用相同的表达方式。例如,请不要为了用语礼貌而改变原来的表达方式"(30)。从上述内容可知,法院认为,为了使原话和译员的译文相"一致",口译人员应"原封不动地进行口译"才能做出正确的翻译。该书的第4-1节"法庭口译通识"中列举了8个问答。其中有一个问题是"在为法律制度、习惯、文化不同的被告进行口译时,有什么需要注意的事项吗?",对此,该书建议译员平时不仅要学习语言,还要努力理解相关国家的文化和法律制度等(17-18)。此外,该书对口译的方法也做了说明,要与说话者使用相同的人称,即以直接引语的方式进行口译(16)。[①]若被告等不发言,口译人员也不应该催促其发言(16),若外语里没有准确的对应词,或者没有合适的对应词时,就不得不附加说明进行口译(21),不仅是语言的不同,法律制度、文化、习惯等的不同也有可能使信赖关系和正确的理解变得困难(17-18)。甚至,该手册还写道,若无法直接口译,应该向法官报告并请示(30-31)。由此可知,站在法院的立场上来看,为了达到正确的口译,最为重要的是"应该照实口译",同时也要考虑由于语言、文化、法律制度的不同而出现无法照实口译的情况,从而陷入困境。若果真发生这种情况,那么如何处理、克服困难就是法官的职责了。

在实际的法庭上,法官等法律专家经常会在译员口译被告的陈述或证人的证言时,下达"请原封不动地口译"的指令。Pöchhacker(2016:10)指出,"法律专家认为(法律)解释(interpret)是他们的特权,所以希望法庭口译人员(仅)完成

---

① 如果说话者说"我吃了",口译员应当转移到说话者立场,用直接引语翻译成"我吃了",而不是使用间接引语译为"说话者说他吃了"。这种直接引语口译规则是口译培训的基础。

（语言）翻译（translate）即可"，以法律专家的立场来看，所谓正确的口译不应该掺杂口译人员的解释，而是应把对方说的话照实口译出来。特别是在审判中，根据传闻证据排除原则，若被告或证人的陈述或证言未按要求被原封不动地翻译出来，该证据便不具备效力。换言之，在外语证言、陈述与日语翻译相同这一根本原则的基础上，法庭才允许法庭口译人员的介入。因此，从法律专家的视角来看，理想的"口译"或"口译员"将所有话语通过自动的代码转换从外语翻译成日语，或者从日语翻译成外语。译入语听众听译文的时候就像听原话一样，可以进行同样的解释，并且可以形成同样的心理。即，法律专家们希望口译能保持语义等值和语用等值。

## 4. 基于交际学视角的"正确的口译"

在上一节，我们了解到理想的法庭口译员的职责是"照实口译"，而"照实口译"则被视作"正确地口译"。若无法"照实口译"，则要向法官说明情况并请求判断/指示。由此可知，若无法"照实口译"，那么判断应该如何口译就是法官的职责。

本节，笔者将对以下内容进行说明。从翻译学、语用学、社会语言学以及跨文化交流的视角出发，思考产生于提及指示和相互行为这两个维度的多个意义，发现"照实口译"在理论上是不可能之事，而且由于口译往往关注"话语层面"，因此在"行为层面"这一维度上，有可能被解释为不同的行为。在此基础上，笔者将引用已有研究中的例子，说明"照实口译"未必就是"正确的口译"。

### 4.1 保证语用等值的口译

本小节我们将介绍澳大利亚社区口译研究全球第一人桑德拉·黑尔（Sandra Hale）所主张的口译中语用等值的重要性（Hale，1996，2004，2007；ヘイル，2014）。此外，本小节还会介绍在日本的法庭上，翻译时为了保证语用等值，译员感到进退两难的事例。正如本文第2节所述，黑尔持有语用学的交流观，认为在"话语层面"和"行为层面"这两个维度上会产生不同的"意义"，并呼吁法律专家以及公众不要将焦点放在提及指示性文本上，逐字逐句的翻译并非正确的翻译（Hale，1996：70）。并且，她主张所谓正确的翻译，并非一字一句原封不动地翻译，而是要保证语用等值。保证语用等值的翻译，是指根据上下文语境口译话语的意思，进而传达说话者的意图，使译入语与译出语能保持同等的言外之力(illocutionary force)(Austin,1975[1962]),①同时让译入语听众能做出与原语听众相同的反应。换言之,保证语用等值的正确翻译就是要考虑到语境因素,使得原语听众和译入语听众能做出相同的解释,留下相同的印象。即,不聚焦于"话语层面"这一维度的翻译,而是意识到要保持"行为层面"的等值。在语域(register)②和礼貌③等层面,等值的口译就是指保证了语用等值的口译。④

如此这般,Hale(1996,2007)指出,如果按字面意思翻译话语,译入语就无法正确传达原语说话者的意图,因此往往会出现不同的相互行为性文本(意思),这是口译和笔译面临的一大困难。其原因是,我们这些语言使用者为了完成某件事情,有时会使用间接的表达方式,而非直接的表达方式。间接表达会与怎样的行为联系起来解释,受特定的社会文化习惯的制约,因语言/文化而异。引用语用学的术语,对于同一个话语有3种解释行为:言内行为(locutionary act)、言外行为(illocutionary act)、言后行为(perlocutionary act)(Austin,1975[1962]),这三者间的关系因语言和文化而异。因此,Hale(1996,2007)认为,"保证语用等值的翻译"不是按照话语的字面意思直译,而是通过言内行为来确定言外行为,且在译入语中使用言内行为,因为言内行为会引发与原语相同的言外行为,并推崇这样的翻译为"正确的口译"(Hale,1996,2004,2007;ヘイル,2014)。

我们再来看几个例子。在日语中,有时会通过说"对不起"来表示"感谢"之意。但是,若把"对不起"翻译成英语的"I'm sorry",这就是聚焦提及指示性文本的翻译。这在译入的英语中会被解释为"道歉",而不会出现"感谢"这一相互行为性文本。这个例子表明,在相互行为性文本这一维度,语言会被解释为不同的行为。因此,即使是照实口译也很有可能变成误译。如上所述,言内行为会

---

① 例如,"这里有点冷啊"这句话的言外之意是要求"开暖气",也是"这里有点冷啊"这句话的意图(Searle,1975)。

② 语域,广义上是指语言使用域受限的语言形式(表示不同格式等级的专业术语 vs 日常词汇、休闲风格 vs 正式风格等),狭义上是指由具有同一提及指示对象的两个以上的词组合构成的使用范围受限的语言形态(例如,日语的敬语 vs 普通语、欧洲语言的亲疏尊卑之分(T/V distinction)、法律用语 vs 日常用语)。通过使用什么样的语域,可以衡量说话者的身份、权力关系以及亲疏远近关系等社会关系。这里所说的"法律语域"指的是法律用语和法律专家的文体。

③ 参见 Brown 和 Levinson(1987)。

④ 下一小节将详细论述保证了语域和礼貌等值的口译。

引发与原语相同的言外行为,若译入语未使用言内行为,那么该翻译就无法保证语用等值。换言之,如上所述,为了在译入语中达成同一行为,译者会使用与原语不同的语言表达方式,这也是目前跨文化语用学研究的重点。[①]

我们再来看看Hale(1996)列举的另一个例子。对于英语中的"邀请"和"提议",若用"Thank you"来回答,就会被解释为"接受""邀请"和"提议"的行为。但在法语和其他罗曼语族语言中,若使用与"Thank you"相应的表达,就会被解释为"拒绝"的行为(Hale,1996:63)。这与上述日语的例子类似,日语的"对不起"被解释为"感谢",若按照字面意思直译,在英语中则为"I'm sorry",因此这一表示"道歉"的行为就无法被理解为"感谢"。同理可知,为了在译入语中达成相同的行为(相互行为性文本),就要使用与原语不同的语言表达方式。若仅仅是原封不动地翻译原话,就无法实现相互行为维度的等价翻译。

下文将介绍一个经过笔者重新整理的典型事例。该事例讲述了西班牙语法庭口译人员为保证翻译过程中的语用等值而犯难的情况。在刑事审判的公审中,认罪并陈述反省之辩的被告在最后陈述时,审判长催促其讲出想讲的话。该被告说:"我已经在深刻反省。请你们原谅我。"(Estoy muy arrepentido. Por favor, perdóneme.)这里存在的问题是如何把原语(西班牙语)的"请你们原谅我"(Por favor, perdóneme)这一"道歉"行为准确地翻译成译入语(日语)。若关注原语的提及指示性文本,照实口译原话,则会将其翻译成"请你们原谅我"(どうかお許しください)。同时,在原语中"行为层面"被解释为"道歉",有可能被翻译成"对不起"。前一个翻译会被理解为在"表明自己的态度",希望得到别人的原谅,或许会被解读为与西班牙语的"道歉"行为不同的相互行为性文本。而后者使用了表示"道歉"这一行为的日语翻译,在日语中使用了言内行为,而这一行为以与西班牙语的原话相同的言外行为为目标。这就是"保证了语用等值的翻译"。该事例表明,若只关注提及指示性文本,原封不动地翻译原话,就无法在相互行为性文本的维度上保持等值,也就无法保持语用等值。

综上所述,正如跨文化语用学中所指出的,说什么、怎么说、达成了什么行为都会根据"语言"的不同而不同。这正是因为其中存在着跨文化性。上一节

---

① 甚至,在同一语言使用者的交流中,对言外行为的解释产生分歧的情况也不在少数。正如Gumperz(1968,2001)所述,这是因为即使是同一语言使用者,也并非人人都享有对语言的使用和解释规则。Gumperz(1968,2001)将这种共享语言使用和解释规则的群体称为"语言社区"(speech community)。

引用了《法庭口译手册实践篇》中的内容,介绍了在无法原封不动直译的情况下,建议译员请示法官进行判断。但通过本节介绍的事例可知,为了在"话语"和"行为"这两个维度上保证翻译的等值,口译人员经常不得不选择合适的译语。

## 4.2 何谓基于社会语言学视角的正确的口译

本节,我们主要介绍主张保证语域等值的相关论述,同时也要确认语域中的等值问题与上文所提的保证语用等值是否存在巨大关联。此外,我们还将介绍基于社会语言学视角的相关研究,并在此基础上考察包括保证语域中的等值是否可行,即使可行也可能涉及伦理问题的问题。

前文的《法庭口译手册实践篇》中提到"请忠实地口译",不要省略更不要进行概括(28-29),以及"请与发言者使用相同的表达方式。例如,请不要为了用语礼貌而改变原来的表达方式"(30)。这些表述表明"必须原封不动地进行口译"的方针。换言之,就是"必须忠实地进行口译,不减译、加译、编辑"。这会被人们理解为,在与"话语"内容(提及指示性文本)以及"行为"(相互行为性文本)相关的语域和礼貌程度等方面,也必须照实口译。一般认为,上一节介绍的黑尔(Hale,1996,2004,2007;ヘイル,2014)关于保证语用等值的论述,也包括了必须在语域层面保证等值(Hale,1997)。

语域有一个特征,即它标志着说话者的身份。使用专业用语还是日常用语,或是礼貌用语等,均为判断被告或证人这一说话方的形象和社会地位等的指标。一般认为,包括这些在内的一些因素会让法官们形成心证。翻译时,保持语域和礼貌程度的等值非常重要,因为若使用专业用语等语域或礼貌的文体进行翻译,法官们会提高对被告的知识性和信赖度的评价。反之,若用生硬的表达方式或含糊其词的说法进行翻译,那么法官就会对原说话者做出消极的评价。因此,这会影响法庭上听众的心证形成(Berk-Seligson,2002[1990];中村·水野,2010;吉田,2007,2008;渡辺ほか,2004)。

法庭对话分析研究指出,包括语域在内的"怎么说"的说话方式,而非"说什么"标志着法庭上被告人、证人等说话者的智慧、态度以及社会阶层等身份。不仅如此,说话方式还会影响听话者对话语的可信程度与可靠程度的判断。目前,也有学者研究法庭上相关人士的说话风格差异(Conley et al.,1978;O'Barr & Atkins,1980,2011;O'Barr,1982)。这些有关法律和语言的研究特征之一就是指出,社会地位和受教育水平较低的说话者,不分男女,在法庭上会使用乔治·莱考夫(George Lakoff)定义的女性特有的说话风格,这并非因为性别差异。一般认为,这种说话风格会降低证言的可信度,被称为无效的话语风格(powerless speech styles)。①相反,当医生和律师等职业人士在法庭上作证时,无论性别差异如何,他们都倾向于使用大众认可的更有说服力和可信度更高的说话风格,这被称为有效的话语风格(powerful speech styles)。在法庭口译研究中,对这些话语风格的研究也佐证了保证语用等值的翻译这一观点,并产生了很大影响(Berk-Seligson,2002[1990];Hale,1996,2004,2007;ヘイル,2014)。

糸魚川(2010)从社会语言学的角度,从语言作为权力和支配、歧视的角度看待法庭口译问题,从这一视角出发,法庭上证人和被告的说话风格以及不同语域的使用会影响法庭参与者的心证形成,这是事实,但也为我们敲响了警钟,若在法庭上以说话风格为基础形成心证,有可能会助长偏见以及歧视等行为。换言之,若因为说话方式未达到他人预期而被断定证言或陈述不可靠,说话者就会受到不公正的对待。即使是日语使用者,若是不会使用这种说话方式的被告,也有可能成为法庭上的"语言弱者"。原本法庭口译的职责就是为了保证对非日语使用者的公正审判,因此推崇保证语域等值的翻译。但就现状而言,笔者担心会背离这一原本目的。并且,法庭口译人员是否真的能实现语域的等值也遭到质疑。因为口译就是理解原语的意思并将其翻译成译入语的行为。口译者不同,"理解"也自然会有所不同(鳥飼,2005)。此外,吉田(2009:34)告诉我们,口译员才是选择等值语域者,且在这个过程中会体现译员的意识形态,因此保证客观的等值是不可能的。

在此,本文引用了笔者自己旁听并记录的审判员审判时的观察,探讨漫骂等威胁语句在保证其语域状态下进行翻译的不易。该事件的被告在公审中说自己被黑手党威胁而不得不偷运药物,以下对话引用自法庭口译人员对威胁性语言的口译。

【摘录】A:被告/I:口译人员/L:律师(为强调重点,笔者自行加了下画线)

A: Si no vas a Japón, <u>tú estarás chingado</u>. Tu madre y tu familiatambién.(若你不去日本,<u>你小子会完蛋的</u>,你小子的妈妈和家人也会。)

---

① Lakoff(1975)将英语中无效的话语风格特征确定为女性特有的话语风格特征,例如使用委婉表达方式、非常礼貌的表达方式、反意疑问语气以及肯定句的句尾上升调等。

　　I：若你小子不去日本，那你小子就是"钦加德"了。你小子的妈妈和家人也是。

　　L："钦加德"是什么意思，是什么样的人使用的词？

　　I：¿Qué significa la palabra 'chingado' y qué tipo de personas la usan?（"钦加德"这个词是什么意思，哪种人会使用它呢？）

　　A：Quiere decir que te van a matar y la usan las personas mafiosas.（黑手党的人用它来表示"我要杀了你"。）

　　要想正确地口译威胁语句，重要的是要准确把握威胁的程度，判断被告人的情况。但是，恐吓语句往往包含俗语以及谩骂等，其表达方式也因地而异，因此翻译起来非常困难（吉田，2008）。在上述摘录中，口译人员意识到"tú estarás chingado"（你小子会完蛋的）很难翻译，因此直接把西班牙语单词音译为"钦加德"。对此，辩护律师质问该词是谁想要表达怎样意思而使用的词语，被告则解释说这是黑手党在表示要杀了对方时使用的词语。笔者询问了在旁听席上听了这段对话的墨西哥人的感想，他说在听到这个西班牙语的威胁词时，害怕得感觉要浑身起鸡皮疙瘩了。听到这种威胁性的话语就能感觉到自己和家人会有危险，因此不得不偷运药物，这种心情是可以理解的。那么，不懂西班牙语，只听懂日语口译的人又是怎样想的呢？他们或许可以理解黑手党"我要杀了你"这一语言威胁，也能想象当时恐怖的心情，但是应该有很多人不会恐惧到起鸡皮疙瘩吧。换言之，让人恐惧到起鸡皮疙瘩的这一相互行为性文本，在译入语的日语中，按照提及指示性文本的意思被理解为感到恐怖，但在相互行为性文本维度却无法体验相同程度的行为。

　　综上所述，基于社会语言学的"正确的口译"的讨论，概而言之就是"验证原话语的准确性在多大范围内可以实现，并在此基础上追求准确性和行为伦理"（糸魚川，2010：82）。

## 5. 何谓法庭口译人员的实践意识与"正确的口译"

　　至此，我们已经了解3种探讨法庭口译正确性的观点。第一个观点主要是基于法律专家的立场考虑的，主张"应该照实口译"。第二个观点基于交际学和语用学，认为在交流过程中发生的事件具有无限的可解释性，意义可以产生于"话语"（提及指示性文本）和"行为"（相互行为性文本）两个维度，因此在口译时保证语用等值非常重要,进而得出能够再现"行为"层面的翻译很重要。第三个观点从社会语言学的角度出发,让我们认识到在标志说话者身份的语域的翻译中,保证等值非常重要,且这也绝非易事;与此同时,若执着于保证语域翻译层面的等值,可能会加深对语言弱者的刻板印象。

综上所述,通过法庭口译实施的审判是法庭相互行为的形式之一,口译人员实际上也是相互行为的参与者之一。换言之,口译人员理解话语并将其翻译成目的语,若口译人员不同,就会出现不同的翻译,这一点我们已论述得非常清楚。由此可知,法律专家所期望的"照实口译"是不可能的(吉田,2009,2012)。在法律社会语言学领域,澳大利亚的法律专家和社会语言学家曾指出,许多研究表明原住民在法庭上因为沟通方式的不同而受到不公正对待(Eades,2016:371)。不考虑语境的"去语境化"是法律世界特殊语言意识形态的特征之一。根据Eades(2016)的说明,社会语言学最近开始意识到语境的重要性,并开始关注被引用的话再次被放到不同语境时被再语境化的办法。但是,法律专家却将语言交流视为不受语境影响的静态"文本"。

基于上述几点,本节将从法庭口译员的立场出发介绍法庭口译人员的心声,即他们在法庭上有意识地努力做"正确的口译",以及在这过程中面临的困难与窘境等。具体而言,就是介绍口译员们为了做出"正确的口译",在选择译语以及表达时的窘境与心态,并说明口译员们并非仅仅简单地照实口译。

## 5.1 口译员为完成正确的口译所发挥的能动作用

灘光(2001)采访了9名法庭口译人员[①],通过分析可知,从文化差异以及口译准确性的视角来看,口译人员感到为难的内容有5种,分别为:①文化价值观;②社会习惯、制度;③沟通方式;④非语言信息;⑤语言的概念。她还指出:"由上述口译员的各种经验之谈可知,译员充分理解心证形成的重要性,他们为了让被告人的真正意图超越文化和语言的障碍传达给法官而煞费苦心,细心谨慎。口译人员在审判现场宛如一个'活跃角色'(active role),发挥着积极的、能动的作用。"(灘光,2001:77)换言之,口译员并非像法律专家所说的那样"照实口译",而是注意到翻译结果对心证形成的影响,从而谨慎地选择译语。

结合本文第4.1节的保证语用等值与第4.2节的保证语域翻译的等值,我们发现灘光(2001)采访口译人员时总结的5种分类有一个共通之处,那就是口译

---

① 灘光(2001)采访的口译人员中涉及的口译语言有西班牙语、葡萄牙语、英语和汉语。

人员有意识地在保证等值，即关注到相互行为性文本（行为）这一维度，同时努力地翻译。例如，①文化价值观中列举的采访谈话来自中文口译人员。中文使用者的文化里不存在用"对不起"来道歉、表达反省的态度，所以会使用"希望你能原谅我"。他还指出，被原谅的人会迎来新的人生，从此改头换面好好做人的思想在中文里已经根深蒂固。但是，法官并未意识到这种文化差异，认为被告只考虑自己，丝毫没有反省之意（68-69）。由此可知，这个事例与本文第4.1节中提及的西班牙语例子相同，口译员们知道若将中文的"希望你们原谅我"原封不动地译成日语，那么就会形成与听中文时不同的心证。

其次，是与②社会习惯、制度相关的例子，即巴西人被问到自己的住址时，不少人都会回答"不知道"。据口译员说，若将这个回答照实口译，发问人会觉得自己受到了侮辱。因此，口译员们将其译成"他说他不知道"（71）。这也是为了让现场听众产生与葡萄牙语听众相同的心证，换言之，这是口译员有意识地保证语用等值来翻译的表现。

③沟通方式的例子表明，将中文"嗯"这一回答口译成日语则为"好的，我知道了"；西班牙语圈的人经常使用"你认为我会做那样的事吗？"这种反问句式，若将此原封不动地译出，会让人觉得其态度带有挑衅。对于这些，口译人员都会有意识地进行口译。此外还讲到，西班牙语口译人员在进行翻译时，意识到审判时的陈述会成为笔录，甚至会考虑到读笔录者的心证形成（73）。由此可知，中文和西班牙语的口译人员都意识到，在各自的语言交流中不会给人以消极印象的措辞若直译成日语后可能会使人形成消极的心证，因此他们都在为达成语用等值的翻译而努力。

④非语言信息的例子表明，口译人员会读取被告或证人的手势、语音语调等非语言信息并在翻译过程中将其表达出来。这是因为口译人员意识到，被告未使用表达后悔以及反省等的日式非言语信息，若直译，日语使用者可能会无法读取其后悔之意。因此，他们努力想要译出相互行为性文本，即说话者的"态度"。

第5种分类的⑤词语的概念主要是指，在翻译某个词语时往往会有多个不同语感的候选译语，译员该如何选择的问题。例如，在将原语翻译成"消除睡意的药"的案例中，虽然也可以翻译成"有兴奋作用的药"，但是译员需要考虑说话者本人的意识以及说话的意图等语境因素，再来决定选择译语。一般认为，在这种情况下，译语的选择可能会对审判的进程产生影响。此外，同一口译人员在另一个毒品事件中遇到了西班牙语单词"粉尘"（polvo），在思考该如何翻译这个表示"粉""灰尘""尘埃"等意的词语后,他添加了解说,并交由法官来判断(75-76)。这种在翻译时需要从多个译语中选择其一的工作,与上一节所述保证语域等值的翻译问题相关联。

综上所述可知,口译人员在进行口译时,除了考虑外语使用者的说话意图之外,还要考虑听者是如何理解日语译文的。换言之,口译人员并非"照实口译话语的内容",而是在选择译语的同时,时刻意识到"行为"(相互行为性文本)这一维度。滩光(2001)所说的口译人员发挥着能动的作用,其中之一就是指口译人员意识到若"原封不动地翻译出来",就会生成与原语不同的言外行为,这会导致话语意图无法被正确理解。可以说,口译员们为了保证语用等值,在翻译时煞费苦心。

## 5.2 翻译语用学前提的差异

笔者曾对5名有过法庭口译经验的人实施问卷调查。下文笔者将介绍他们自由表述时的回答[①],同时考察他们因为仅靠原封不动的口译无法表达内容而感到困扰的经历。问卷调查的第一个问题,列举了若没有共享前提知识就很难翻译隐喻表达的事例。笔者把日语中"像炸肉饼那么大吗"的提问直接口译成西班牙语,得到的回答是"是的,像炸肉饼那么大"。但是,口译人员认为,日本和西班牙语国家的炸肉饼本身大小是不一样的,所以就向提问者说明了这一点,并进一步追问具体人小。该例了表明,人们在进行提问和解答时一般会想到本国文化中的普通炸肉饼的尺寸。如该例子所示,在未共享前提知识以及信息的情况下,即使照实口译"话语",其表面上看起来交流也是成立的。这种共享同一知识的前提,大多被默认为是理所当然的,故而很少用语言来明确表达。因此,如果只是将"话语"照实口译出来,就无法消除前提知识上的差异和隔阂,那么在实际交流中就会产生分歧,当这种分歧浮出表面时就会有破坏交流的危险。口译人员可能比其他单一语言使用者更早地察觉到未共享前提知识的状态,并意识到沟通上会产生分歧。

上述例子是前提知识未被共享的事例。以下例子则表明,不仅是知识和信息,如果未共享由元语用学知识构成的语用学前提(メイ,2005:275-283),翻译将很难进行。所谓语用学前提,就是用语言来明确人们在做什么。如果未共享

---

① 本问卷调查的部分结果已于2019年6月在关键链接国际会议(Critical Link International)第9届会议上做了口头报告,本文在此基础上对其进行了修订和补充。

语用学前提,就无法在话语和使用语言的行为之间找到一致性(メイ,2005:281-282)。

　　换言之,翻译时为了保证语用等值,就要共享语用学前提。然而,语用学前提与其他种类的前提相同,都是隐性知识,很少能明确地用语言表达出来,仅靠口译话语无法翻译,最终成了一条无法言说、无法翻译的鸿沟。因此,一般认为口译人员要说明存在这种差异。在笔者实施的问卷调查中,列举了以下几个未共享语用学前提的例子并进行了提问。

　　　　Q:例如,对于西班牙语的"为了庆祝女儿的15岁生日,我需要点钱"这句话,若不了解中南美洲国家女孩的15岁生日要像日本的成人礼一样盛大庆祝这一风俗,那就很难正确理解其意思,这是事例之一。因为文化、风俗、价值观等存在差异,所以若出现仅靠原封不动地翻译无法正确传达的事例,那就请写下来吧。

　　该回答表明这一事例仍旧未共享语用学前提。笔者在下文中引用了该内容。

　　　　葡萄牙语口译人员:在搜查阶段,经常发生"因为你比我大,所以你是领导吧"这样的事。与日本不同,欧美国家不是按年龄排序的,所以要向审讯官和嫌疑人双方说明文化的差异。

　　这是调查方基于日本特有的语用学前提推论的案例,即年长者会引导年轻人,因此年长者是领导者。但在巴西嫌疑人的文化中,是否领导可能与年龄毫无关系,而这种语用学前提很可能未被共享。因此,口译人员将这样的语用学前提(年长者成为领导者)作为"文化"的差异,向双方加以说明,并试图共享未被共享的语境。因为若不这样做,嫌疑人就无法理解为何只因为年纪大就被视为领导者。

# 6. 结　语

　　本文通过《法庭口译手册实践篇》中的内容和已有研究、笔者实施的问卷调查,从语用等值、语域翻译的等值以及语用学前提等交际学视角出发,考察了如何理解法庭口译的"正确性",并确认了"正确的口译"相关意识与实践相背离这一事实。

此外,值得注意的是,《法庭口译手册实践篇》认为将原话内容照实口译出来才是"正确的口译",若无法照实口译,则需请示法官做出判断。从交际学和语用学的视角来看,交流产生于"话语"和"行为"两个维度,即使重点关注"话语"直接口译,也无法保证"行为"这一维度翻译的正确性。换言之,听了原语的听众和听了译入语翻译的听众双方能获得相同的理解,留下相同的印象的翻译,是保证了语用等值的翻译,才能成为正确的翻译。其中,语域象征着说话者的身份,甚至影响陈述、证言内容的可信度,因此有人主张保证语域翻译的等值非常重要。但是,基于社会语言学视角的研究指出,这样的翻译有可能助长带有偏见的心证形成。而且,通过口译人员的经历可知,在法庭上,为使被告人的原话内含的言外行为以及语用效果,即相互行为性文本在译入语中也会出现,口译人员会预先考虑听众的反映,常常一边纠结于译语选择一边进行翻译工作。虽然笔者在本文未加以介绍,但笔者采访的法庭口译人员中,有人认为"疑罪从无"这一法庭原则也适用于口译,在语域的一致、译语的选择上犹豫不决时,应尽量规避对被告不利的译法。此外,我们也明白许多口译员都强烈地意识到,像语用学前提那种未明确地用语言表达的前提是未被共享的。换言之,我们再一次认识到,负责不同语言间翻译工作的口译人员,要意识到存在无法用语言表达的语境差异以及表示言外行为的言内行为会因语言而异,而这些之中都包含着跨文化性,译员要在此基础上进行翻译工作。

本文通过各种事例表明,在法庭口译中"照实口译"才是"正确的口译"这一想法是司法的虚构,它背离了口译这一交流实践的现实。但在法庭上,"照实口译"才是"正确的口译"的解释框架仍占主导地位。由此可知,在法庭上,日语使用者(如法律专家和审判员)在权力上处于优势地位,他们的解释框架占主导地位。而外语使用者和被告则处于劣势地位,他们的言论通过处于优势地位的多数派的框架来解释,而非通过他们自己的框架,由此产生了一种不对称的关系。换言之,为了"正确地口译",需要译出未被明说的、未被共享的语境差异,填补语境的鸿沟。翻译这种未明示的内容才是跨文化翻译,才有可能防止出现各种语言弱者。

# 参考文献

糸魚川美樹(2010)「法廷通訳に求められる正確性のかたられかた」『社会言語学』第10号、pp.71-86.

小山亘(2008)『記号の系譜：社会記号論系言語人類学の射程』三元社。

小山亘(2011)『近代言語イデオロギー論：記号の地政とメタ・コミュニケーションの社会史』三元社。

小山亘(2012)『コミュニケーション論のまなざし』三元社。

小山亘(2016)「メタコミュニケーション論の射程：メタ語用的フレームと社会言語」『社会言語科学』第19巻1号、pp.6-20.

最高裁判所事務総局刑事局監(2018)『法廷通訳ハンドブック実践編【スペイン語】(改訂版)』法曹会。

鳥飼玖美子(2005)「通訳における異文化コミュニケーション学」井出祥子・平賀正子編『講座社会言語科学第1巻　異文化とコミュニケーション』ひつじ書房、pp.24-39.

灘光洋子(2001)「法廷通訳人が直面する問題点：文化的差異をどう捉えるか」『神田大学異文化コミュニケーション研究』第13号、pp.59-82.

中村幸子・水野真木子(2010)「法廷実験：模擬裁判員の心証形成に及ぼす通訳の影響」『裁判員裁判における言語使用に関する統計を用いた研究』第237号、pp.53-66.

ヘイル、サンドラ(2014)『コミュニティ通訳：オーストラリアの視点による理論・技術・実践』(山口樹子・園崎寿子・岡田仁子訳)文理閣。

メイ、ヤコブ(2005)『批判的社会語用論入門：社会と文化の言語』(小山亘訳)三元社。[原著：Mey, Jacob L. (2001) *Pragmatics: An Introduction* (2nd ed.). Oxford: Blackwell.]

吉田理加(2007)「法廷相互行為を通訳する：法廷通訳人の役割再考」『通訳研究』第7号、pp.19-38.

吉田理加(2008)「法廷通訳人のフッティング」『通訳研究』第8号、pp.113-131.

吉田理加(2009)「法廷通訳における異文化の壁」『月刊言語』第38巻9号、pp.30-35.

吉田理加(2012)「法廷通訳と言語イデオロギー」『通訳翻訳研究』第12号、pp.31-50.

吉田理加(2014)『法廷通訳と言語イデオロギー：通訳を介した法廷談話の言語人類学的考察』立教大学大学院異文化コミュニケーション研究科博士学位申請論文[未刊行]。

渡辺修・長尾ひろみ・水野真木子(2004)『司法通訳』松柏社。

Austin, John L., James Opie Urmson & Marina Sbisà (eds.) (1975 [1962]) *How to Do Things with Words: The William James Lectures Delivered at Harvard University in 1955* (2nd ed.). Oxford: Oxford University Press.

Berk-Seligson, Susan (2002 [1990]) *The Bilingual Courtroom*. Chicago: University of Chicago Press.

Brown, Penelope & Stephen Levinson(1987) *Politeness: Some Universals in Language Usage*. Cambridge: Cambridge University Press.

Conley, John M., William M. O'Barr & Allan Lind(1978) The Power of Language: Presentational Style in the Courtroom. *Duke Law Journal*, 78: 1375-1399.

Eades, Diana (2016) Theorising Language and the Law. Nikolas Coupland, Srikant Sarangi, & Christopher N. Candlin (eds.) *Sociolinguistics and Social Theory*. London: Longman, pp.367-388.

Gumperz, John (1968/2001) The Speech Community. A. Duranti (ed.) *Linguistic Anthropology: A Reader*. Oxford: Blackwell, pp.382-401. [Reprinted from: David L. Sills & Robert K. Merton (eds.) (1968) *International Encyclopedia of the Social Sciences*. London: Macmillan, pp.381-386.]

Hale, Sandra (1996) Pragmatic Considerations in Court Interpreting. *Australian Review of Applied Linguistics*, 19(1): 61-72.

Hale, Sandra (1997) The Treatment of Register Variation in Court Interpreting. *The Translator*, 3(1): 39-54.

Hale, Sandra (2004) *The Discourse of Court Interpreting: Discourse Practices of the Law, the Witness and the Interpreter*. Amsterdam: John Benjamins.

Hale, Sandra (2007) *Community Interpreting*. London: Palgrave Macmillan.

Lakoff, Robin T. (1975) *Language and Woman's Place*. Manhattan: Harper & Row.

Laster, Kathey & Veronica L. Taylor (1994) *Interpreters and the Legal System*. Alexandria: The Federation Press.

Morris, Ruth (1995) The Moral Dilemmas of Court Interpreting. *The Translator*, 1(1): 25-46.

O'Barr, William M. (1982) *Linguistic Evidence: Language, Power and Strategy in the Courtroom*. New York: Academic Press.

O'Barr, William & Bowman K. Atkins (1980/2011) "Women's Language" or "Powerless Language"?. Jennifer Coates & Pia Pichler (eds.) *Language and Gender: A Reader* (2nd ed.). Oxford: Blackwell, pp. 451-460. [Reprinted from: Sally McConnell-Ginet, Ruth Borker & Nelly Furman (eds.) (1980) *Women and Language in Literature and Society*. Westport: Praeger, pp.93-110.]

Pöchhacker, Franz (2016) *Introducing Interpreting Studies* (2nd ed.). London: Routledge.

Searle, John (1975) Indirect Speech Acts. Peter Cole & Jerry L. Morgan (eds.) *Syntax and Semantics 3: Speech Acts*. New York: Academic Press, pp.59-82.

Silverstein, Michael（1992）The Indeterminacy of Contextualization: When is Enough Enough?. Peter Auer & Aldo Di Luzio（eds.）*The Contextualization of Language*. Amsterdam: John Benjamins, pp.55-76.

Silverstein, Michael（1993）Metapragmatic Discourse and Metapragmatic Function. John A. Lucy（ed.）*Reflexive Language: Reported Speech and Metapragmatics*. Cambridge: Cambridge University Press, pp.33-58.

Wadensjö, Cecilia（1998）*Interpreting as Interaction*. London: Longman.

# 后　记

　　1999年,我和朋友们一起成立了多语化现象研究会,当时上网检索"多语化",首先搜索到的都是与PC画面或软件操作语言等相关的内容。偶尔加上"社会"这一关键词搜索,但十有八九都是已知网站,这不禁让人失望,搜索"多语社会"一词亦是如此。然而,20余年来,有关日本多语化、多语社会的研究和关注有了飞跃式进展。知道当时情况的人们都有共同的印象,那就是现在的书名中包含"多语"一词的图书增多了。顺带一提,如果搜索"多语社会",就会发现至少有20本图书在此期间出版。

　　然而,令人遗憾的是,这未必意味着多语化和多语社会的概念(包括多语主义、多语状况、多语环境等相关术语)已被明确化、体系化,并在学术上作为语言学和社会语言学的一个分支确立了地位。在此期间,研究领域引入了复语主义、都市多语主义、复语环境等新概念,有时也会涉及曾蓬勃发展的多语并用主义、多重语言主义,研究者合作或独自尝试区分和区别各个概念和研究对象领域。但时至今日,这些概念区分整体上仍处于一种混乱的状态。

　　本书直面多语化、多语社会相关研究的现状。基于研讨会发表的简短的讨论和论文等,本书终于得以问世。但它对解决上述混乱状态是否有所贡献,还有待观察。话虽如此,在梳理混乱状态的原因、相关问题点以及历史背景等方面,我认为还是有些许贡献的。

　　本书的特点是,尽管分论涉及了与多语化相关的诸多问题,但与此前的类似著作不同的是,本书并未着眼于行政的多语处理、移民的母语学习或传承、多数派的外语学习或教育、多语景观等方面。取而代之的是,本书探讨了一些已有研究中较为边缘化且容易被忽视的问题。例如,库页岛归国者的语言使用和语言学习、英语学习者的各种动机、法庭口译员在"照实口译"和"说话意图"之间的永恒冲突、巴基斯坦人社区和日本家庭成员、巴西人社区和地域社会的变化等。这些问题看似紧迫性不高,但有时甚至可能成为对多语化理念的驳论,因此研究它们较为麻烦。事实上,这些问题揭示的是某种意义上现实而冷淡的语感,即不再拘泥于以往被过度强调的母语意识形态或归属感,或者不过度追求"多文化共生"理念。同时还揭示了多种形式进行的"多语社会日本"的诸多面貌,如围绕法律和文化交汇的场景中发言者意图的相互对立等。

展望今后,日本的多语化将朝着更多元的方向发展。在此情况下,迄今为止所积累的多语社会研究是否具备充分的研究框架和对现状的认知来应对这一趋势? 但是,关于后者,尤其是在移民语言研究方面存在很大问题。

截至2019年底,在日本或日本等多地定居的外国人有293万人,其中外国务工人员达166万人,这些人已经不得不被称为移民。日本政府声称不采取移民政策,将新引入的外国劳动力称为外国人才,这表明日本政府不希望他们定居,进而坚决维护日本社会的种族均一性的幻想。虽一直强调有关移民在内的全国居民使用语言的官方统计数据的必要性,但仍旧未进行统计,这也反映了日本政府不承认移民作为居民的态度。

缺乏中立可信的基础语言统计数据,不仅会扭曲日本的外国人(移民)政策和语言政策,还可能阻碍与移民和移民语言相关的自由研究的进展。我认为,不断向政府提出相关建议并非徒劳,但是为了推动移民政策和移民研究的切实进展,我们现在的重大任务是实现包含地区、年龄、社会阶层等的全国移民语言统计数据的公开。与此相关的详细数据不仅可以清晰地揭露各种事实,还能对诸如移民的日常母语使用率等依赖猜测的研究产生极大影响。

正如前面在分论部分提到的,本书还涉及了"多语化"的日本出现的各种现象,这些现象未必如同教科书中描述的那般。是否存在理想的多语社会,它具体是怎样的社会,说实话,我们很难回答这些问题。但是,如果我们承认准确把握当前的多语状况是第一步,那么关键可能在于不仅仅要关注可视的现象,更要关注边缘和潜在现象,以及人们那些含混不清的认识。本书的主编福永由佳研究员和其他编委,将非常高兴与读者分享多语社会的研究方法(需要采取包括潜在的更广泛的方法),以及实现移民语言官方统计。

庄司博史

# 作者介绍

庄司博史（SHOJI Hiroshi）
监修、编委，撰写本书第一部分第 1 篇文章和后记
日本民族学博物馆名誉教授
【研究领域】乌拉尔语言学、社会语言学、移民语言研究
【研究业绩】

［著作］『世界の文字事典』（编著；丸善出版、2015）、『移民とともに变わる地域と国家国立民族学博物馆调查报告 SER 83』（国立民族学博物馆调查报告、2009）、『日本の言語景観』（合编；三元社、2009）

［论文］"Japan as a Multilingual Society"（Patrick Heinrich & Yumiko Ohara（eds.）*Handbook of Japanese Sociolinguistics*，Routledge，2019）、「移民の母語教育の现状と课题」（平高史也・木村護郎编著『多言語主義社会に向けて』、くろしお出版、2009）、「多言語政策　複数言語の共存は可能か」（多言語化现象研究会编『多言語社会日本—その现状と课题』、三元社、2013）、「资産としての母語教育の展開と可能性—その理念とのかかわりにおいて」（『ことばと社会』第 12 号、三元社、2010）

约翰・C. 马赫（John C. MAHER）
撰写本书第一部分第 2 篇文章
日本国际基督教大学媒体、交流、文化（专业领域）教授
【研究领域】社会语言学，主要是多语主义、符号学、地名学
【研究业绩】

［著作］『言語復興の未来と価値：理論的考察と事例研究（*Minority Language Revitalization： Contemporary Approaches*）』（合编；三元社、2016）、*Multilingualism： A Very Short Introduction*（Oxford University Press，2018）、*Multilingual Japan*（合著；Multilingual Matters，1995）

［论文］「社会言語学的考察」（『精神分析研究』第36巻3号、1992）、"Remains of the Day：Language Orphans and the Decline of German as a Medical Lingua Franca in Japan"（*International Journal of the Sociology of Language* Vol. 175/176, 2007）、"Metroethnicities and Metrolanguages"（*The Handbook of Language and Globalization*, Wiley-blackwell, 2010）

**安田敏朗（YASUDA Toshiaki）**
编委,撰写本书第一部分第3篇文章
日本一桥大学大学院语言社会研究科教授
【研究领域】近代日本语言史
【研究业绩】
［著作］『帝国日本の言語編制』（世織書房、1997）、『〈国語〉と〈方言〉のあいだ―言語構築の政治学』（人文書院、1999）、『「国語」の近代史―帝国日本と国語学者たち』（中央公論新社、2006）、『漢字廃止の思想史』（平凡社、2016）

［論文］「『王道楽土』と諸言語の地位」（『アジア研究』第42巻2号、1996）、「多言語主義の過去と現在―近代日本の場合」（『立命館言語文化研究』第26巻2号、2014）、「流言というメディア―関東大震災と『15円50銭』をめぐって」（『JunCture超域的日本文化研究』第6巻、2015）

**尾辻惠美（OTSUJI Emi）**
编委,撰写本书第一部分第4篇文章
澳大利亚悉尼科技大学人文社会学院副教授
【研究领域】都市多语主义、语言意识形态与语言教育意识形态、语言与身份、公民和公共性与语言教育、语言教育批判性教学法等
【研究业绩】
［著作］*Metrolingualism：Language in the City*（合著；Routledge, 2015）、*Languages and Identities in a Transitional Japan：From Internationalization to Globalization*（合编；Routledge, 2015）、『市民性形成とことばの教育―母語・第二言語・外国語を超えて』（合編；くろしお出版、2016）

［论文］"Metrolingualism in Transitional Japan"（Patrick Heinrich & Yumiko Ohara（eds.）*Handbook of Japanese Sociolinguistics*, Routledge, 2019）、「メトロリンガリズムとアイデンティティ：複数同時活動と場のレパートリーの視

点から」(『ことばと社会 特集：アイデンティティの新展開』第18号、三元社、2016)"The Translingual Advantage: Metrolingual Student Repertoires"〔Julie Choi & Sue Ollerhead（eds.）〕*Plurilingualism in Teaching and Learning*：*Complexities across Contexts*, 合著；Routledge, 2018)

### 田嶋美砂子(TAJIMA Misako)

撰写本书第二部分第1篇文章

日本茨城大学理工学研究科(工学领域)副教授

【研究领域】社会语言学、批判性应用语言学、语言意识形态论

【研究业绩】

［著作］『森住衛教授退職記念論集 日本の言語教育を問い直す―8つの異論をめぐって』(合編；三省堂、2015)

［論文］"Engagement with English as Neoliberal Endeavor: Reconsidering the Notion of Language Learning"(*Critical Inquiry in Language Studies*, 2020)、"Gendered Constructions of Filipina Teachers in Japan's English Conversation Industry"(*Journal of Sociolinguistics* 22, 2018)、"'Weird English from an American?': Folk Engagements with Language Ideologies Surrounding a Self-help English Language Learning Comic Book Published in Japan"(*Asian Englishes* 20, 2018)、「『実践としての言語』観がWE論・ELF論にもたらす示唆―教科分析へのささやかな提言とともに」(『アジア英語研究』第18巻、2016)

### 福永由佳(FUKUNAGA Yuka)

主编，撰写本书前言、第二部分第2篇文章

日本国立国语研究所日语教育研究领域研究员

【研究领域】日语教育学、语言政策研究、社会语言学，特别是多语使用

【研究业绩】

［著作］『グローバリズムに伴う社会変容と言語政策』(合著；ひつじ書房、2014)、『「評価」を持って街に出よう―「教えたこと・学んだことの評価」という発想を超えて』(合著；くろしお出版、2015)、『成人教育(adult education)としての日本語教育―在日パキスタン人の言語使用・言語学習のリアリティから考える』(ココ出版、2020)

［論文］「日本で生活する外国人の言語能力に関する考察：『生活のための

日本語』全国調査から」(『多言語多文化研究』第21巻1号、2015)、「"パキスタンストリート"の言語景観—自律、排除、そして共存」(『ことばと社会』第18号、2016)、「日本語教育における複数言語使用の研究の意義と展望」(『早稲田日本語教育学』第22号、2017)

**斯维特兰纳·佩查德兹(Svetlana PAICHADZE)**
撰写本书第二部分第3篇文章
日本北海道大学大学院媒体通讯研究院副教授
【研究领域】日本、俄罗斯、朝鲜半岛之间的人员流动,以及他们的教育、语言和身份认同
【研究业绩】
[著作]*Voices from the Shifting Russo-Japanese Border*; *Karafuto/Sakhalin*(合编;Routledge,2015)、『サハリン残留—日韓ロ百年にわたる家族の物語』(合著;高文研、2016)、*Russia and the Countries of the APR*: *Migration Processes and Problems of Intercultural Communication* (合编;Novosibirsk State Technical University,2019)
[论文]「多文化教育の意義についての再考察」(『国際広報メディア・観光学ジャーナル』No.12、2011)、"A Comparison of General and Specific Features of Russian Schools in Sapporo and Seoul"(『国際広報メディア・観光学ジャーナル』No.18、合著;2014)、「サハリン帰国者の若い世代自己アイデンティティと言語使用・学習に関する考察」(『移民研究年報』第24号、2018)

**拜野寿美子(HAINO Sumiko)**
撰写本书第二部分第4篇文章
日本神田外国语大学副教授
【研究领域】海外巴西人的葡萄牙语教育、在日巴西人的教育、葡萄牙语教育
【研究业绩】
[著作]『ブラジル人学校の子どもたち—日本かブラジルかを超えて』(ナカニシヤ出版、2010)、『ブラジル人と社会』(合编;上智大学出版、2017)、「ブラジル人コミュニティ」(合著;多言語化現象研究会編『多言語社会日本』、三元社、2013)

　［論文］「ロンドン在住ブラジル人移住者と子どもたちの継承語教育」（『JICA　横浜海外移住資料館研究紀要』第12号、2018）、「『日本に住む移民の子ども』研究の課題と展望—ブラジルにつながる子どもたちの事例を手掛かりに」（『神奈川大学心理・教育研究論集』No.42、2017）、「継承語教育が教育実践者にもたらす資産性に関する一考察—欧米在住ブラジル人女性移住者の場合」（『神奈川大学心理・教育研究論集』No.41、2017）

### 吉田理加（YOSHIDA Rika）

撰写本书第二部分第5篇文章

日本立教大学、上智大学、顺天堂大学外聘教师，爱知县立大学口译研究所共同研究员，日西会议司法口译员

**【研究领域】**口笔译研究、语言人类学、从口译角度分析法庭话语、语言意识形态、跨文化交际

**【研究业绩】**

　［著作］『よくわかる通訳翻訳学』（合著；ミネルヴァ書房、2013）、『異文化コミュニケーション事典』（合著；春風社、2013）

　［論文］「通訳を介した法廷談話実践を通して構築されるアイデンティティ：社会言語学的考察」（『ことばの世界』第12号、2020）「法廷談話実践と法廷通訳—語用とメタ語用の織り成すテクスト」（『社会言語科学』第13巻2号、2011）、「法廷通訳と言語イデオロギー」（『通訳翻訳研究』第12号、2012）

# 译后记

本书根据『顕在化する多言語社会日本—多言語状況の的確な把握と理解のために』(三元社)译出。该书出版于2020年,由日本国立国语研究所知名日语教育研究员福永由佳女士编写,日本民族学博物馆的知名名誉教授庄司博史先生监修,汇集了9位研究日本多语社会的学者的真知灼见和研究成果。

多语现象并非仅仅为了被描述而存在。何谓多语社会? 我们应该如何构建一个多语社会? 应该以何种视角来看待日本的多语社会? 日本社会长期以来一直存在多种语言并行使用的现象。近年来,在日本生活的外国人的不断增加,引发了人们对"国际化"和"多语化"的深入讨论,因此"日本的多语社会"正迎来全新的发展阶段。

本书分为"总论"和"分论"两大部分,主要对日本多语社会进行了深入研究和探讨。学者们从多种角度探讨了潜藏在日本社会过去与现今现象及制度中所蕴含的态度和意识形态,深入剖析了不同角度下的多语社会现象,同时考察了其今后发展的可能性和方向,为读者提供了理解当今日本国内多语状况的清晰视角。

本书的译介对于当前多元文化社会的语言研究领域具有积极意义。它为我们提供了一种全新的思考方式,不仅有助于引导学者们深入研究,也能够启发读者对语言和文化的深度思考。本书翻译的具体分工如下:前言、总论的第1—4篇文章(徐微洁),分论的第1—3篇文章(吴余华),分论的第4—5篇文章、后记、作者介绍(周欢),徐微洁负责全书的统稿和审校。

感谢关西学院大学于康教授惠赐宝贵的赴日学习机会,使我暂时从繁杂的工作中抽身,获得片刻喘息时间,得以顺利完成本书的后期统稿和校对工作。感谢日本三元社石田俊二社长为版权的顺利引进提供的热情帮助。感谢浙江师范大学出版基金为本书提供经费支持。感谢本书的责任编辑、浙江大学出版社的黄静芬女士和方艺潼女士为本书的顺利出版所付出的辛勤劳动。黄静芬女士和方艺潼女士专业敬业、高效严谨,其提供的建议和帮助使我们在本译著付梓之前进一步提高了译稿质量。

感谢爱人周军强先生给予我始终如一的尊重和爱护。如果没有先生无条件的关爱与包容，我可能早已在琐碎繁杂的日常中迷失了自我。感谢家中俩娃对我的理解和支持，你们是我前进的动力和快乐的源泉。

本书的翻译工作断断续续耗时近1年，付梓之前亦数易其稿，但由于译者水平有限，虽已尽力但难免会有疏漏和差错，敬请各位读者批评指正。

徐微洁
乙巳年夏于浙江师范大学外国语学院